名医が教える
つらい時の 不調ケア

小池統合医療クリニック院長
小池弘人 監修

はじめに

　現代は、私たちにストレスをもたらすものであふれています。それらから心身を守るための健康に関する情報は実にさまざまです。そんな中で私たちは一体、どのように正しい選択をしていけばいいのでしょうか。

　選ぶ上で大切なことは、改善策は一つであると決めつけず、可能性のあるものを選択肢に入れること。そして、自分の身体と心に相談しながら選び、実際に試してみることです。

　本書では、一つの不調の症状に対していくつかの改善策を提案しています。さぁ、皆さんもさっそくさまざまなセルフケアにトライしてみましょう。

　　　　　　　　　小池統合医療クリニック
　　　　　　　　　小池弘人

もくじ

はじめに……………………………………… 3
本書の使い方………………………………… 8

第1章　不調ベストテン

CASE 01　肩こりがつらい　………………… 10
CASE 02　腰が痛い　………………………… 14
CASE 03　いつも便秘がち　………………… 18
CASE 04　すぐにお腹を壊す　……………… 22
CASE 05　疲れが取れない　………………… 26
CASE 06　頭痛に悩まされる　……………… 30
CASE 07　目が疲れる　……………………… 34
CASE 08　足のむくみがつらい　…………… 38
CASE 09　寝つきが悪い　…………………… 42
CASE 10　身体が冷える　…………………… 46
コラム　オフィスの防寒対策　……………… 50

第2章　体質や気持ちの不調

CASE 11　アレルギー症状がつらい　……… 52
CASE 12　めまい・立ちくらみがする　…… 56

CASE	内容	ページ
CASE 13	血圧が高い	60
CASE 14	コレステロールが気になる	64
CASE 15	風邪をひきやすい	66
CASE 16	夏バテしやすい	68
CASE 17	咳が長引く	70
CASE 18	すぐに太る	72
CASE 19	お腹まわりが気になる	74
CASE 20	太れない	76
CASE 21	寝起きが悪い	78
CASE 22	日中眠くなる	80
CASE 23	いびきがうるさい	82
CASE 24	体臭が気になる	84
CASE 25	やる気が起きない	86
CASE 26	情緒不安定になる	88
CASE 27	いらいらする	90
CASE 28	リラックスできない	92
コラム	睡眠負債を減らしたい	94

第3章　身体の一部・表面の不調

CASE	内容	ページ
CASE 29	首が前に突き出る	96
CASE 30	足がつりやすい	98
CASE 31	顔がむくむ	100

CASE 32	膝(ひざ)が痛む	102
CASE 33	肌がカサカサ・ベタベタ	104
CASE 34	ニキビ・吹き出物がなくならない	106
CASE 35	肌のハリが減ってきた	108
CASE 36	目の下のクマが取れない	110
CASE 37	手あれがつらい	112
CASE 38	爪の状態が悪い	114
CASE 39	急にのぼせる	116
CASE 40	寝汗をかきやすい	118
CASE 41	口内炎ができやすい	120
CASE 42	口が乾く、ねばつく	122
CASE 43	ドライアイがつらい	124
CASE 44	視力が弱まった	126
CASE 45	抜け毛が気になる	128
CASE 46	髪がパサパサする	130
CASE 47	骨密度が低い	132
コラム	慢性上咽頭炎(じょういんとう)が不調を起こす？	134

第4章　体内の不調

CASE 48	胃が痛くなる	136
CASE 49	食欲が出ない	140
CASE 50	お腹が張って苦しい	144

CASE 51	胃や胸がむかむかする	148
CASE 52	げっぷがよく出る	150
CASE 53	おならがよく出る	152
CASE 54	二日酔いがつらい	154
CASE 55	動悸・息切れが気になる	156
CASE 56	トイレが近い	158
CASE 57	尿もれが不安	160
CASE 58	尿のにごりが気になる	162
CASE 59	我慢できない月経痛	164
CASE 60	月経の周期がばらばら	166
CASE 61	月経前がつらい	168
CASE 62	更年期の困った不調	170
CASE 63	胸のしこりが気になる	172
コラム	ゴースト血管を防ぐ	174

第5章　おわりに

❶ 身体の冷えを防ぐ「温」 …………… 176

❷ エネルギーを摂り入れる「食」 ……… 177

❸ 身体のこわばりを治す「動」 ………… 178

❹ 思考のくせを見直す「想」 …………… 179

おわりに …………… 180

本書の使い方

本書は、気になる不調ごとに複数の改善策をまとめています。自分に合いそうなもの、続けられそうなものを選んで実践してみましょう。

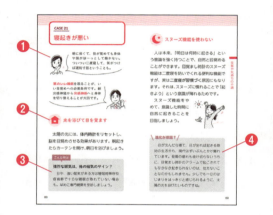

❶ 不調の具体的な症状やポイントの説明です。

❷ セルフケアの内容を、ジャンルごとにアイコンで示しています。

❸ 特に注意したい症状についてのミニコラムです。

❹ 身体のさまざまな不調と、人間の進化との関係についてのミニコラムです。

第1章
不調ベストテン

CASE 01
肩こりがつらい

毎日の仕事や家事で、とにかく肩がこってつらい。マッサージに行くと、いつも「すごくこってますね」と言われます。

肩の筋肉が緊張して血液の流れが悪くなっているのが、肩こりの原因です。上半身をこまめに**動かしたり、温めたりする**ことで、**血行をよくする**のが一番です。

お風呂で身体を温める

　全身浴がおすすめですが、のぼせやすい方は半身浴でもかまいません。38〜40度くらいの少し**ぬるめのお湯**で、15〜20分ほどつかりましょう。

　湯船の中でゆっくり首や肩を回して、筋肉をほぐすとより効果的です。ラベンダーなどのエッセンシャルオイルを、お湯に数滴加えてみてもいいでしょう。

肩の上げ下げをする

　息を吸いながら両肩を耳のほうまでゆっくりと上げ、そのあと息を吐きながら両肩を一気に下げると、肩のこりがほぐれます。何かに集中しているときは、思った以上に肩に力が入っているもの。仕事や家事の合間、テレビを観ているときなど、**気がついたとき**にしてみましょう。

 ## パソコンの環境を見直す

　仕事で長時間パソコンを使用する場合は、環境を見直すことで肩こりや腰痛が軽減します。イスの高さや画面との距離を調整して、画面を見る目線が下がりすぎないようにしましょう。**目線が低すぎると自然と身体が前かがみになり、肩がこわばる体勢になって**しまいます。

ひもを使ったヒモトレを

　肩幅と同じくらいの幅の輪にしたひもを手首にかけた状態で、身体をゆっくりと動かします。両手を後ろに反らしたり、腕を前に出して身体を左右にひねってみたり。**いつもと違う動き**をすることで筋肉の使い方が変わり、こりがほぐれます。

ひもは、太さ4〜8mm、長さ1.5〜1.8mほどのものを用意。かたいベルトやロープ、柔らかいゴムなどは避けましょう。

 ## 葛根湯（かっこんとう）

　葛根湯(かっこんとう)は、身体を温めて血流をよくしてくれるので、風邪のひきはじめだけでなく、肩こりにも効果があります。

肩井、後渓
けんせい こうけい

肩井（けんせい）は首と肩先の中間にあり、血流をよくするツボです。後渓（こうけい）は小指側の手のひらと手の甲の境目にあり、痛みや緊張を和らげます。ツボは、**ゆっくりと垂直に押し込むように**押します。無理に力を入れず、少し痛くて気持ちいい程度で OK。

肩井

後渓

進化が原因？

人間は二足歩行するようになったことで、手が「歩く」という行為から解放されました。これにより、人間は手でさまざまな道具を用いて作業することができるようになりました。

肩こりは言わば、その代償とも言えますが、日常の生活の中で簡単に対処できる不調でもあるので、ケアをおこたらないようにしましょう。

CASE 02
腰が痛い

立つとき座るときは、つい腰に手を当てるくせが。寒い季節や、重いものを持つときは、悪化しないか心配になります。

腰痛は、冷えや筋肉の緊張だけでなく、**骨格のゆがみ**も原因の一つ。普段の過ごし方を見直してみましょう。

姿勢を正す

猫背や腰の反りは、腰痛の原因となります。**深呼吸をすると背筋が伸びるので、**意識して行いましょう。また、かばんを持つ手を変える、横座りをしすぎないなど、生活習慣を見直すことも大切です。

湯たんぽを使う

　湯たんぽは、手軽に腰を温めることができます。エアコンやファンヒーターと異なり、まわりの空気を乾燥させません。

　電気毛布は温度が上がってしまうため、注意が必要です。使用するときは**寝る前までに温めておき**、布団に入ったあとはスイッチを切るなど、上手に使いましょう。

> 不調ベストテン

こんな時は

その腰痛、病院の受診が必要かも？

　いわゆるぎっくり腰（急性腰痛）は1〜2週間で自然によくなりますが、椎間板（ついかんばん）ヘルニアや圧迫骨折の可能性もあります。しびれや麻痺（まひ）がある場合は神経にダメージを受けている可能性もあるので、治りが遅いと感じるときは整形外科を受診しましょう。発熱や排泄（はいせつ）困難など他の症状がある場合は、単なる腰痛でないこともあるので、総合病院などの受診をおすすめします。

腰の疲れをいやすストレッチ

　前かがみになると腰が痛む場合はうつぶせになり、少しずつ上体を反らしてみましょう。反対に、身体を後ろに反らすと腰が痛む場合は仰向（あおむ）けになり、膝（ひざ）を抱え込んで腰を丸める動作をしてみましょう。

　いずれにせよ、**痛い方向には動かさない**ことです。その日の自分に合わせたストレッチで、腰の疲れをいやしましょう。

委中(いちゅう)

　委中(いちゅう)は、両膝の裏にあるツボです。腰と膝はつながりが深いので、膝の痛みにも効果があります。**ゆっくりと押して離す**、これを数回繰り返します。

不調ベストテン

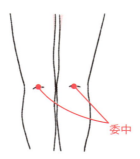

委中

進化が原因？

　腰痛は、人間が進化の過程で二足歩行するようになったことと関係しています。後ろ足で立ち上がることによって脊椎(せきつい)（背骨）に負荷がかかるようになった結果、腰痛が起こりやすくなりました。ひどければ椎間板(ついかんばん)にさらに負荷がかかり、椎間板ヘルニアになってしまうこともあります。足に負荷のかかるヒールなどは、極力控えましょう。

CASE 03
いつも便秘がち

便通がないまま数日過ぎることもよくあります。つい便秘薬に頼ってしまうのですが……。

排便は、体内の老廃物の**大部分を排出**する、とても大切な役割を担っています。習慣や食事などを総合的に見直して、**腸の働き**を高めましょう！

 食物繊維を摂る

ごぼうなどの根菜や、いも、豆、きのこなどに多く含まれる不溶性食物繊維は、**多めの水分**と一緒に摂ることで腸を刺激してぜん動運動を活発にし、便通を促します。

また、海藻類、こんにゃく、果物などに多く含まれる水溶性食物繊維は、便を柔らかくするので、積極的に食べましょう。

ミネラルウォーターは硬水を

　硬水のミネラルウォーターに含まれている**マグネシウム**が、便を柔らかくしてくれます。また、不足しがちなミネラルも補えるので、おすすめです。

 ### プロバイオティクスで腸内環境を整える

　大腸菌などの悪玉菌が腸内で増えると、腸内環境が悪化し、便秘や下痢(げり)などさまざまな不調の原因に。**プロバイオティクス**（乳酸菌、ビフィズス菌など）を摂り、腸内環境を整える善玉菌を増やしましょう。

　乳酸菌には、動物性（ヨーグルト、チーズなど）と植物性（漬物、納豆、みそなど）があります。**食物繊維やオリゴ糖**など、プロバイオティクスのエサになる要素（プレバイオティクス）を一緒に摂ることも大切です。

排便のリズムをつくる

　朝は、夜に休んでいた胃腸が目覚めて動き出すので、排便には絶好のタイミング。時間を取り、朝食のあとはトイレに行く習慣をつけましょう。

　他の時間帯であっても、なるべく**便意を逃さず**トイレに行くようにすることが大切です。

 ## 腹式呼吸で腸を動かす

　腹式呼吸をすることで、腹部に適度な刺激が伝わり、**胃腸の動きが活発**になります。

　まず、背筋を伸ばし、お腹に手を当てます。お腹がふくらむのを確認しながら、5秒くらいかけて鼻からゆっくり息を吸います。10秒ほどかけて、口から細くゆっくりと息を吐き出します。

　トイレでの排泄（はいせつ）が難しいときにも、試してみてください。

腸の動きを促すストレッチ

　下がってしまいがちな腸の位置を戻し、ぜん動運動を促すストレッチをしてみましょう。

不調ベストテン

①仰向けに寝て、両手で腰を支えて足を上げる。
②お尻に力を入れ、自転車のペダルをこぐようにつけ根から足を回転させる。

＼ 進化が原因？ ／

　人間は野生のサルと異なり、柔らかいものを多く食べます。これにより、虫歯や歯並びの悪化を招くことはもとより、食物繊維の摂取が減ることで便秘になりやすくなったのです。普段の食生活では、かたいものや食物繊維を積極的に摂りたいものですね。

CASE 04
すぐにお腹を壊す

電車の中や、仕事でお客様への対応中に限ってお腹が下ってしまいます。外出先でも、トイレが見つからなくて冷や汗が。

下痢や軟便は、**腸がうまく働かない**ことが原因です。まずは**安静**にして、腸の動きを和らげましょう。

 ### 温めてリラックス

　冷えによる血行不良で腸のぜん動運動が過剰になったり悪くなったりすると、便が水分を吸収できずに下痢になります。

　身体の冷えを感じるときは、カイロや湯たんぽ、毛布などでお腹を温めましょう。身体が温まると血行がよくなるだけでなく、**気持ちもリラックス**し、下痢の緩和につながります。

カモミールでストレスを緩和

お腹を壊す原因の一つに、ストレスがあります。カモミールは古くから使われてきたハーブで、胃腸を整えるとともにストレスや不安な気持ちを鎮める効果があります。温かいカモミールティーをいれて、一休みしましょう。

不調ベストテン

> こんな時は

過敏性腸症候群かも？

急にお腹が痛くなって、トイレに駆け込むことが多い。そんな方は、過敏性腸症候群（IBS）かもしれません。

ストレスによる下痢や便秘を何度も繰り返すと、腸がごく小さな刺激にも過敏に反応するようになります。これが、過敏性腸症候群です。対策としては、ストレスとの向き合い方を工夫することが重要です。

また、症状が急で激しいときや血便があるとき、繰り返し起こるときは、別の病気が原因かもしれないので、一度病院で診てもらいましょう。

お腹を壊しやすい食べ物

　油分の多い食べ物や食物繊維、夏野菜や果物の摂りすぎに注意しましょう。
　下痢（げり）は、体内の有害物質を出そうとする動きでもあります。いつもと違うものや古いものを食べたあとの下痢は、十分な水分摂取のもとに、食べるのを控えて**有害物質を出し切ってしまうのも一つの方法**です。重度でなければ下痢は無理に止めないほうが、一般的にはいいのです。

 ## 腹瀉点（ふくしゃてん）、温溜（おんる）

　急な下痢を止めたいときは、腹瀉点を押してみましょう。また温溜は、ストレス性の下痢に効きます。

漢方は下痢のタイプによって選択を

漢方は、どんなタイプの下痢かで種類が変わります。繰り返す下痢には、桂枝加芍薬湯（けいしかしゃくやくとう）がおすすめです。附子理中湯（ぶしりちゅうとう）（附子人参湯（ぶしにんじんとう））は、身体の冷えが原因のものに。黄連解毒湯（おうれんげどくとう）は、食べすぎで熱を持っているときに効果があります。

いずれも、漢方に詳しい医師や薬剤師に相談することをおすすめします。

進化が原因？

私たちは日々、多くのストレスにさらされています。かつては狩りなど食物を得るための戦闘状態に対応するために必要だった交感神経の高ぶりは、今や日々の仕事や人間関係などあらゆる場面に乱用されていると考えられます。これによって、自律神経全体のバランスも当然崩れてきます。

下痢や便秘といった内臓の不調の根本原因も、こうしたところにあると言えるので、リラックスをしたりストレスを逃したりする方法を考えてみましょう。

CASE 05
疲れが取れない

いつも疲れが残っているような感じ。寝ても寝足りないような気がします。頭もすっきりしないし、身体がだるいです。

疲れが取れないと、**自律神経の乱れ**や**免疫力の低下**につながります。その日の疲れはその日のうちに取るとともに、**疲れにくい身体づくり**を目指しましょう。

眠りの質を高める

睡眠は、疲れを取る一番の方法です。成人の睡眠時間は**6〜8時間程度**がもっとも適切だと言われていますが、睡眠の質がよくなければ、疲れを十分にいやすことができません。

お風呂や軽いストレッチ、音楽などで身体と心がリラックスすることで、眠りの質を高めることができます。

アクティブレストを取り入れる

「アクティブレスト（積極的休養）」とは、睡眠や静養などの静的休養に対し、**軽く身体を動かして疲労を回復する方法**のことです。血液の流れをよくすることで、身体だけでなく脳の疲労も和らげます。

　大切なのは「楽しい、心地いい」と思えるくらいの運動量にすること。がんばったり、つらいと思ったりするのでは、かえって疲れが重なるばかりです。
　ウォーキングやストレッチなど、自分に無理のないところからはじめて習慣にしましょう。

糖質を減らす

普段から、糖質を摂りすぎないように気をつける必要があります。糖質は、お菓子や果物など甘いものだけでなく、パンやお米、パスタなど、**多くの主食**に含まれています。

主食を少なめに、**おかずを多め**にして、ゆっくりよく噛んで食べることが大切です。血糖値が安定し、身体のだるさが改善されてくるでしょう。

 ## 十全大補湯（じゅうぜんたいほとう）

生命活動の源である「気」と、全身に栄養を行き渡らせる「血（けつ）」が不足していると、疲れやすく回復できません。十全大補湯（じゅうぜんたいほとう）は「気」と「血」を増やし、疲れにくい身体になる手助けをしてくれます。

サプリメントを活用する

ビタミンやミネラルは、機械でいう潤滑油のような働きをしています。これらが少なくなると、疲れだけでなく、貧血や下痢、肌あれなどの不調にもつながるので、**意識的に摂取する**ことが大切です。

毎日の食事でしっかり摂れないと感じる方は、**サプリメント**を試しましょう。複数の栄養素がバランスよく入っている「マルチビタミン・ミネラル」をベースに、疲れが気になる方は**ビタミンC**を、女性は**ヘム鉄**を追加してもいいでしょう。

＼ 進化が原因？ ／

私たち現代人は十分なカロリーの摂取ができているため、いわゆる栄養失調はないと言われます。しかし、その食事の内容は糖質にかたより、大切なビタミンやミネラルが不足しがちになっています。

疲れやすさの根本には、こうした現代の食事情も大きく関連しているので、バランスのよい食事を心がけましょう。

CASE 06
頭痛に悩まされる

頭全体が締めつけられるように痛むときもあれば、こめかみのあたりがズキズキと強く痛んで、動けないときもあります。

頭痛は、大きく**緊張型頭痛**と**片頭痛（偏頭痛）**に分けられます。それぞれで対処方法が異なるので、注意が必要です。

📖 頭痛の種類

緊張型頭痛は、首や肩の筋肉が緊張し、血行が悪くなることで起こります。頭全体や後頭部などに鈍い痛みがあり、目の疲れや肩こりをともなうことも多いです。

また**片頭痛**は、主にこめかみのあたりが脈打つように強く痛みます。人によっては、頭痛が起こる前にチカチカとした光が見える、視野の一部が見えにくくなる（閃輝暗点）などの現象があらわれます。

頭痛日記をつける

　頭痛が起こったときのことを思い出してみましょう。いつ、何を食べ、何をしたときに頭痛が起きたのか。また、どのような痛みがどれくらい続いたかなど、**頭痛の前後の様子**を書き残しておくことで、頭痛になりやすい状況や要因が明確になり、対策を立てやすくなります。

 ## 軽い散歩を

　緊張型頭痛は、じっとしているよりも少し身体を動かして、**筋肉のこわばりを解く**ことで緩和されます。歩きながら深呼吸して、首や肩の筋肉をほぐしましょう。

赤ワイン・チーズ・チョコを摂りすぎない

　赤ワインやチーズ、チョコに多く含まれる**チラミン**は、血管を収縮させる作用があり、片頭痛を引き起こす原因になります。ピクルスなどの漬物類やソーセージ、サラミなどにも含まれているので、摂りすぎに注意しましょう。

 ## 光や音、においに注意する

　刺激の強い光や音、においによって、片頭痛が起こることがあります。頭痛が**起こりやすい要因を把握**して、たとえば強い日差しの下ではサングラスを使用する、騒がしい場所には長居しないようにするなど、自分に合った対策をしましょう。

フィーバーフューを取り入れる

　ハーブの中では、フィーバーフュー（ナツシロギク）が、片頭痛に効果があるとされています。ハーブティーのほか、片頭痛を抑える成分の**パルテノライド**が多く含まれるサプリもあります。お好みの方法で試してみましょう。

　また、ストレスを鎮める効果のあるカモミール（p23）などで、リラックスすることもおすすめです。

＼ 進化が原因？ ／

　頭痛は多くの方が悩まされている不調ですが、その根底には現代の過剰な刺激や、細かな作業で引き起こされる自律神経の乱れが大きく関係しています。自分の症状の原因を見つけ出す、また適度に休息を取って負荷を軽くするなど、なるべく頭痛が起こらないように生活環境を工夫することも重要です。

CASE 07
目が疲れる

仕事でずっとパソコンの前。帰る頃には目がしょぼしょぼして、はっきり見えなかったり、ピントが合わなかったりします。

目の疲れは、ピントを調節する**毛様体筋**が緊張し続けることで起こります。**毛様体筋を休ませる**時間をつくり、栄養を送ることが大切です。

攢竹（さんちく）、晴明（せいめい）

目の近くにはツボが集中しています。眼球のまわりの骨の縁に沿って、目頭から目尻まで、静かに押してみましょう。

攢竹 — 　　　— 晴明

アントシアニン&ビタミンA

　ブルーベリーや黒豆に多く含まれている**アントシアニン**というポリフェノールは、目の疲れを和らげてくれます。
　レバーやうなぎ、肉、魚などに含まれる**ビタミンA**も、網膜（もうまく）の材料となるので、目にとって大事な栄養素です。

　また、体内で必要に応じてビタミンAに変換される**β-カロテン**は、にんじんやカボチャ、ほうれん草などの野菜に多く含まれています。油と一緒に摂ると吸収率が高まるため、炒めものなどにして食べるのがおすすめです。

　これらの栄養素はサプリで補うのも効率的ですが、ビタミンAは摂りすぎると**健康を害する**ことがあるので注意が必要です。

目を休める習慣を

　最低でも1時間に一度は、パソコンやスマートフォンなどの画面から目を離して休めましょう。目を強めに閉じる、視線をゆっくりと上下左右に動かすなど、目のストレッチをすることも効果的です。

　また、これらの電子機器の画面は、目に負担をかける**ブルーライト**を多く発しています。ブルーライトカット機能のあるメガネやフィルターを使用するなど工夫しましょう。

 ### 目のまわりを温める

　蒸しタオルで目を温め、血行をよくすることで毛様体筋が動きやすくなり、**ピントの調節力が改善**します。蒸しタオルは電子レンジを使えば手軽につくれるので、目の疲れのほか、頭痛や肩こりを感じたときなどにも試してみましょう。

杞菊地黄丸(こぎくじおうがん)

　東洋医学では「肝は目に穴を開く」という言葉があります。**肝の働きが弱まっていると、目にも不調が出ると考えられているのです。**そこで、肝の働きを強める効果のある杞菊地黄丸を服用することで、目にしっかりと血液や栄養を行き渡らせ、目の疲れを軽減しましょう。

＼ 進化が原因？ ／

　本を読んでいるとき、私たちの目は一文字一文字にピントを合わせます。この蓄積が、目の負担となっていきます。

　おそらく原始の人間は、今日ほど細かいものを見続けるといったことは少なかったでしょう。むしろ、獲物を狙ってはるか遠くに目をこらすことのほうが多かったに違いありません。

　目を酷使することは、頭痛などを引き起こす可能性もあります。適度にケアすることで、ダメージをためないようにしましょう。

CASE 08
足のむくみがつらい

仕事終わりにはふくらはぎがむくんで、歩くのがつらい。夕方になると靴がきつくて、一度脱いだら履くのが大変です。

温めやマッサージなどで血液の流れを促すとともに、体内の水分調節力を高めましょう。

 しっかりとタンパク質を摂る

アルブミンというタンパク質が体内で少なくなると、むくみやすくなります。ご飯やパンなどの主食や甘いものばかりではなく、肉や卵などしっかりとした**タンパク質摂取**が重要です。

また、ひどいむくみの場合は、心臓や腎臓（じん・ぞう）の病気の可能性もあるので、一度医療機関を受診しましょう。

ミネラル＆ビタミンB群

　体内の水分調節をするカリウムやマグネシウム、カルシウムなどの**ミネラル**を、意識して摂りましょう。昆布、ひじき、ワカメなどの海藻類はミネラルが豊富です。
　また、末梢神経の働きを整える**ビタミンB_1**も、むくみ解消に効果があります。ビタミンB_1は穀物のはい芽に多く含まれているので、白米をはい芽米や玄米に、パンをライ麦や全粒粉のものに変えてみるといいでしょう。

　ビタミンB群は、一般に代謝改善にも効果があります。甘いものを多く摂る方はサプリなどで積極的に補充することも大切です。

ふくらはぎをマッサージする

　ふくらはぎは「第二の心臓」と呼ばれ、筋肉を動かすことで下半身の血液を心臓に送り返す、ポンプのような働きをしています。

　足の静脈は重力に逆らっているので、特に**血行が悪くなりがち**です。また、長時間同じ姿勢でいるなど、ふくらはぎを動かさないでいるとポンプがうまく作用せず、血液はさらに停滞し、むくみやすくなるのです。

　普段からふくらはぎをマッサージして、血液の流れを改善しましょう。足首を手で包んで、膝（ひざ）に向かって上に引き上げるようにもみます。なお、**静脈瘤（りゅう）がある方**は決して強くもまないでください。血管を傷つけるおそれがあります。

足浴(足湯)で
リラックス&むくみ取り

 テレビを観るとき、本を読むときなど、いつもの時間に足浴をプラスすることで、むくみが取れるだけでなく、リラックス効果が高まります。

 洗面器に**少し熱めのお湯**(40〜42度)を入れ、足先からくるぶしの上くらいまでを **15分**ほど温めます。冷めてきたらお湯を足して、温度を保ちます。足浴のあとは靴下を履き、温めた足を冷やさないようにしましょう。

> **進化が原因?**
>
> 一日中座り続ける、動かずに立ち続けるといったことは、原始時代の人間にはほとんどありませんでした。筋肉をよく動かしていたでしょうから、血液やリンパもよく流れていたことでしょう。
>
> むくみは、そもそも二足歩行になったことが大きな原因の一つです。一日の終わりにマッサージの習慣をつけるだけでも改善するので、試してみましょう。

不調ベストテン

CASE 09
寝つきが悪い

疲れているのに、いざ布団に入るとなかなか寝つけません。明日のことも気になって考えてしまいます。

副交感神経への切り替えができないことや、体内時計の乱れなどが原因として考えられます。**生活習慣や食事を整え**ましょう。

半身浴をする

38〜40度の少しぬるめのお湯で、15〜20分を目安に半身浴をしましょう。**心臓に負担をかけずに**、身体の血行をよくすることができます。

身体が温まることで副交感神経が優位になり、スムーズな眠りにつながります。

寝る前に電子機器を さわらない

　就寝予定1時間前からはスマートフォンやパソコンなどの電子機器をさわるのをやめることでブルーライトを遠ざけ、副交感神経を優位にすることが大切です。

　ブルーライトは、眠りを促すメラトニンというホルモンの生成を抑えると言われています。ブルーライトは光からの距離が**近ければ近いほど影響が強くなる**ので、至近距離で見ることが多いスマートフォンは要注意です。

 ## 入眠儀式をつくる

　入眠儀式とは、眠る前に行う特定の行動のことです。習慣化することで、身体と心を睡眠モードに変えることができます。ストレッチをする、好きな香りをかぐなど、ほっと落ち着ける**寝る前だけにすること**をつくってみましょう。

食事は早めに済ませる

　食事は、寝る**3時間前まで**には済ませるようにしましょう。どうしても小腹が空いて眠れないときは、ホットミルクやハーブティーがおすすめです。温かい飲み物を飲むと空腹感が和らぎ、気持ちが落ち着いて眠りやすくなります。

　3時間前に食事が取れない場合は、**軽い食事を二度に分けて**取りましょう。たとえば残業中や早めの時間に軽い食事を取り、家に帰ったあとに雑炊やスープなど、消化のいいものを少しだけ食べることで、胃の負担を軽減することができます。

トリプトファンを含む食品を

メラトニンには、眠りを促す働きがあります。また、細胞の新陳代謝を促すため、病気や老化の防止に役立つ、健康を保つ上で見過ごせないホルモンです。

メラトニンの生成には**セロトニン**が、セロトニンの生成には**トリプトファン**が必要です。トリプトファンは、海産物や豆類、肉などに多く含まれています。メラトニンの生成には時間がかかるため、朝食など、早い時間に摂取するのがより効果的です。

不調ベストテン

\ 進化が原因？ /

SNSや仕事など、現代のスマホやパソコン中心の生活は精神的な興奮をもたらし、睡眠をさまたげています。「夜10時以降は使わない」など、ルールを決めるのも大切なことです。

CASE 10
身体が冷える

冬は、冷たい手足のせいで布団に入ってもしばらく眠れない。夏もエアコンのせいで、すぐに身体が冷えてしまいます。

冷えは、身体の血行が悪くなり、血液がすみずみまで行き渡らないことから起こります。**外側と内側、両方から温め**ましょう。

炭酸入浴剤を効果的に使う

　冷えた身体をお風呂で温める際は、炭酸入浴剤を入れると効果がアップします。入浴剤は、なるべくガスの濃度（=ppm）が高いものを選びましょう。

　ガスや有効成分が保たれる少しぬるめ（38〜40度）のお湯に、入浴剤が**すべて溶けてから入る**ことで、より効果が高まります。

天然素材の下着や靴下を

　下着や靴下は、シルクやコットンなどの天然素材のものを選びましょう。特に、シルクは保温性や吸湿性、通気性に優れており、身体を温めるには最適です。ただし、温めすぎて汗をかいたら逆効果。発汗によって冷えてしまうので、**適度な温度調節**が必要です。

冷たい飲み物は避ける

　身体を内側から温めるためには、食べ物や飲み物がとても大切です。水やお茶などの水分は、**常温以上のもの**にすることを心がけましょう。朝起きたときに、白湯（何も入っていないお湯）をゆっくり一杯飲むことで、身体がじんわり温まります。

ショウガを摂る

　野菜には、身体を冷やすものと温めるものがあります。身体を冷やすものにはトマト、きゅうり、なすなどの夏野菜が、温めるものにはにんじん、レンコン、ショウガなどの根菜があります。特に**ショウガ**は血管を広げ、血のめぐりをよくする代表的な食材です。

 ## 命門（めいもん）、腎兪（じんゆ）

　命門、腎兪はどちらも背中にあります。湯たんぽを当てたり、カイロを貼ったりして、**温める**といいでしょう。なお、これらは腰痛にも効果があります。

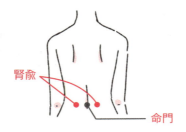

八味地黄丸、当帰四逆加呉茱萸生姜湯

八味地黄丸は、身体の中の水分のめぐりを促進し、代謝機能を高めます。また、当帰四逆加呉茱萸生姜湯は、身体の内部の熱を強める働きがあります。これらの漢方は、冷えからくる腰痛にも効果があります。

不調ベストテン

進化が原因？

冷えは環境による影響だけでなく、運動量の低下による筋肉の減少が根本的な原因と言えます（筋肉は発熱器官）。そして、私たちは多くの動物たちと異なり、全身をおおう体毛がありません。これにより発汗を促し、体温を下げることで長距離走が可能になったとされますが、一方で冷えすぎの原因にもなっています。

冬に限らず夏でも、常にはおれるものを持ち歩くなどして、体温調節を行えるようにしましょう。

column
オフィスの防寒対策

オフィスが寒い場合は、カーディガンやひざかけなど**暖かさを調節できるもの**を用意しましょう。レッグウォーマーを履いたり、薄手の服を重ね着したりすることでも暖かくなりますし、イスにクッションを敷くだけでも違います。

足元が見えないタイプのデスクであれば、ダンボールを床に敷いて断熱材として使うのも効果的です。給湯器が使えるようであれば、湯たんぽを置いておくといいでしょう。お腹や太もも、腰など、体幹を中心に温めることができます。

他にも、小さな用事を積極的にこなす、エレベーターを使わず階段を使うなど、こまめに動くことで身体の熱が自然と強まります。

第2章

体質や気持ちの不調

CASE 11
アレルギー症状がつらい

アトピーで、肌がカサカサしてかゆい。おまけに花粉症で、春は薬やマスク、ティッシュが手放せなくてつらいです。

花粉症やアトピーなどのアレルギー症状は、身体の**免疫が過剰反応**することによって発生します。**自律神経のバランスと腸内環境**を整えることが大切です。

 肌は保湿＆清潔を心がける

アトピーの場合、肌が乾燥する傾向にあるため、不純物の少ない**白色ワセリン**などで保湿を心がけましょう。毎日入浴する、汗はこまめに拭くなど、皮膚をいつも清潔な状態に保つことも大切です。

また、石けんやボディソープの使いすぎはかえって皮膚の乾燥を強めます。**お湯洗いのみの日**をつくってみましょう。

食べたもの日記をつける

　食事の内容とその日の体調についての、簡単な日記をつけてみましょう。アレルギー症状の原因となる食べ物に気づくきっかけになります。何が足りないか、何を摂りすぎているのかなど、**客観的に把握する**ことで食生活全体の見直しにもなります（甘いものをたくさん摂ると、症状が悪化する方が多いようです）。

 ## 抗アレルギー作用のある
ハーブを

　花粉症がつらいときは、アレルギーや炎症を鎮める作用を持つネトルやカモミール、エルダーフラワーなどのハーブがおすすめです。ハーブティーで飲むほか、エッセンシャルオイルをティッシュペーパーに一滴垂らして香りをかぐのもいいでしょう。

使う油をオメガ3系に

　アマニ油、エゴマ油などに含まれるα-リノレン酸（オメガ3）は、血液をサラサラにして血圧を下げる、アレルギーの炎症を抑える、免疫力を高めるなどの働きがあります。また、青魚に含まれるDHA・EPAも、オメガ3系の成分です。

　これらの成分は身体を健康に保つ上でとても重要ですが、体内ではつくることができません。そのため、意識して食品やサプリから摂ることが大切です。
　食事については「プロバイオティクスで腸内環境を整える」（p19）も参考にしてください。

小青竜湯
しょうせいりゅうとう

　花粉症には、漢方も大変効果的です。一度、漢方に強い医師に相談してみましょう。
　小青竜湯は、鼻炎全般に効果があります。鼻を温め、「水(すい)」のめぐりをよくして、鼻水やくしゃみなどの症状を抑えます。
　眠気を引き起こす成分が入っていないのは漢方のいいところで、仕事や車の運転をする方には特におすすめです。

体質や気持ちの不調

進化が原因?

　アレルギーは、現代の清潔すぎる生活環境がその引き金となっているとも言われています。近年、日本では寄生虫をほとんど見なくなりましたが、それと引き替えにアレルギーが発症するようになったとも考えられています。
　現代の環境から離れることは簡単ではありませんし、かといって不潔にすればいいというわけでもありません。環境との新たな共生が求められているのです。

CASE 12
めまい・立ちくらみがする

身体がだるくて疲れやすい。めまいを感じるときもあるし、顔色が悪いと言われることもあります。

めまいや立ちくらみの原因は、**貧血**からくるものと**低血圧**からくるものがあります。似ているようで、実は違うものなのです。

貧血（鉄欠乏性貧血）とは

主な貧血は、**鉄欠乏性貧血**です。鉄欠乏性貧血は、酸素を運ぶ役割である血液中のヘモグロビンが少なく、酸素を身体のすみずみまで送り届けることができないために起こります。疲れやすい、めまいがするなど、さまざまな身体の不調につながります。

鉄分を摂るならヘム鉄を

 ヘモグロビンを増やすには、材料となる鉄分が必要です。中でも、レバーや豚・牛肉、魚貝類などに含まれるヘム鉄は、ほうれん草などの野菜に多く含まれる非ヘム鉄に比べ5〜6倍も吸収されやすく、胃腸にもやさしいのでおすすめです。なお、非ヘム鉄でも、**ビタミンCと一緒に摂取することで吸収率はアップ**します。

 特に女性は、月経があることや、ヘム鉄を多く含む肉を食べる量が男性より少ないので、意識して摂るようにしましょう。

> **こんな時は**
>
> ### 氷を食べるのは貧血のサイン？
> 氷や氷菓子を無性に食べたくなることは、実は貧血が原因の一つとされています。季節に関係なく氷を食べたいと思うことが続くようであれば、自分の身体の状態を確認してみましょう。

低血圧とは

　食欲がわかない、朝がつらいのは低血圧の特徴です。栄養をバランスよく摂ることで、**自律神経の調節力**を上げましょう。

　なお、立ち上がったときなどに起こるめまいや立ちくらみは、体位の変化に血管の調節が追いつけず、急に血圧が下がって脳に血液が届かなくなることが原因です。

 ## アルコールは控えめに、水分はこまめに

　十分な水分とともに食事をしっかり取ることや、塩分を摂取することが大切です。梅干しには塩分に加え、疲れに効くクエン酸も含まれているので、おすすめです。血管を拡張するアルコールは、控えめに。

アルコールは利尿作用により、脱水状態になりやすいので注意しましょう。

布団の中で手足を動かす

　朝、目が覚めたら、布団の中でゆっくりと軽く手足を動かしましょう。交感神経が優位になり血圧が上がるため、起き上がりやすくなります。

 ## 十全大補湯（じゅうぜんたいほとう）

　十全大補湯（じゅうぜんたいほとう）は、エネルギーである「気」と栄養をめぐらす「血」の不足を補う漢方です。慢性的な疲れに効果があり、貧血・低血圧どちらの方にもおすすめです。

＼ 進化が原因？ ／

　二足で歩く私たちは、自律神経による血管のコントロールが特に重要です。ストレスでこの調節がうまく働かないと頭に血液が行かず、倒れてしまいます。これを、脳貧血といいます。朝礼のときに倒れる方は、このケースです。フラフラすることが多い方は、日常生活を見直してみましょう。

体質や気持ちの不調

CASE 13
血圧が高い

病院で、「血圧が高い」と言われました。肩こりや頭が重いときがあるくらいで、特に自覚症状はないけれど心配です。

高血圧は、症状が進むまではっきりとした症状が出ません。健康診断で指摘されたら、**早めに生活習慣を見直し**ましょう。

部屋の温度差を減らす

冬は、寒さによって血圧が急に上がることがあります。部屋や浴室、トイレ、脱衣所などの**寒暖差をなるべく減らすこと**が大切です。部屋は前もってエアコンで暖めておく、トイレや脱衣所にも暖房を入れるなど工夫しましょう。

調味料の使い方を見直す

　塩気の多いものを食べると喉が渇きますが、これは身体が塩分濃度を保とうとするためです。塩分を多く摂ると**水分もそれだけ摂る**ことになり、結果的に血液量が増えて高血圧の原因となります。

　食事では、醤油や塩などの調味料は、常に食卓に置かないようにしましょう。また、直接かけず、小皿に入れてつけて食べるだけでも塩分を減らせます。
　料理をする際には塩分を減らしたぶん、大葉やハーブ、スパイスなど香りの強いもので**味にアクセントをつける**と、食事を楽しむことができます。塩は、精製塩よりミネラル豊富な天然塩がおすすめです。

カリウムを摂る

　高血圧の方は、体内の余分な塩分や水分を排出する働きがあるカリウムを摂ることが重要です。また、カリウムの働きを助けるマグネシウムも合わせて摂るようにしましょう。
　ただし、**腎臓の機能が低下している**場合は、カリウムをうまく排出できないこともあるので、注意する必要があります。

 ## 定期的な運動を

　ストレスにより血管が収縮すると、血圧が上がります。また、身体の中で血流の悪いところがあると、無理に通そうとするために、血圧が上がってしまいます。こうした悪循環を減らすためにも、**定期的な運動**によってストレスを解消したり、血流をよくしたりすることが重要です。

合谷（ごうこく）

合谷は、親指と人差し指のつけ根にあり、血圧を下げる効果があります。そのほかにも、肩こりや頭痛、腰痛、目の疲れなどさまざまな症状が改善する**万能のツボ**です。

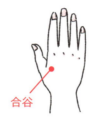

合谷

体質や気持ちの不調

> こんな時は

実は危ない「仮面高血圧」

　高血圧には、検査時は正常なのに、それ以外では数値が高い「仮面高血圧」があります。早朝や夜間など特定の時間帯や、職場や家庭でストレスを受けて血圧が高くなるのです。

　特に最近は、早朝の高血圧が注目されています。病院では発見されにくいため、自宅で定期的に測定し、自分の血圧を知ることが大切です。

CASE 14
コレステロールが気になる

健康診断で「悪玉コレステロール値が高い」と診断されたけど、揚げものや油っぽいものを避ければいいのかしら。

コレステロールには、**身体に必要なものとそうでないもの**があります。それぞれの働きをよく理解しましょう。

📖 コレステロールとは

何かと悪いイメージのコレステロールですが、実は**欠かせない栄養素**です。血管にたまり、動脈硬化の原因となるのがLDLコレステロール（悪玉コレステロール）、それを取り除くことができるのがHDLコレステロール（善玉コレステロール）です。

LDLを下げる油を使う

オリーブオイルなどに含まれる**オレイン酸**（オメガ9）や、エゴマ油やアマニ油などに含まれる**α-リノレン酸**（オメガ3）には、LDLコレステロールを減らす効果があります。

オレイン酸は加熱調理OKですが、α-リノレン酸は**熱に弱い**ため、ドレッシングなどで使うようにしましょう。

 ## 生活習慣を見直す

LDLコレステロールは、生活習慣の乱れによって増加します。ウォーキングやサイクリングなど、適度に運動しましょう。運動の間隔を3日以上空けないこと、身体に**負担をかけすぎず**に続けることが大切です。また、タバコもコレステロール値が高くなる大きな要因なので、控えましょう。

CASE 15
風邪をひきやすい

誰かが風邪をひくと、だいたい自分もひいてしまうし、季節の変わり目はいつも体調を崩してしまいます。

免疫力が低下していると、ウイルスが入ってきても抵抗できません。**身体を温め、栄養に気をつけましょう。**

効率的に身体を温める

東洋医学では「冷えは万病のもと」です。身体を温めて免疫力を高めることが、予防の第一です。

しかし、よく冷えがちな手先や足先だけを温めても、なかなか全身に熱が伝わりません。**大きい筋肉**（太もも、お腹、お尻）や、**太い血管が通る部分**（首、手首、足首）を温めるといいでしょう。

タンパク質とビタミンB群を

　免疫力を上げるには、細胞の材料となる**タンパク質**が欠かせません。質の高いタンパク質を含む肉を積極的に食べましょう。
　また、豚肉などに含まれるビタミンB_1・B_2は皮膚や粘膜を強め、疲労回復に役立つので、風邪予防にぴったりです。ただしビタミンB群は**水に溶けやすい**ので、煮汁も一緒に食べられる料理にしましょう。

腸内環境を整える

　体内の免疫細胞の6割は、腸内に待機しています。そのため、**腸内環境の良し悪し**は免疫力に大きく関わります。腸内環境を整えるプロバイオティクス（p19）や食物繊維、発酵食品などを摂りましょう。

CASE 16
夏バテしやすい

毎年、夏は調子が悪くなる。外は暑くて中は寒いから、身体がだるくなって、ご飯も食べたくなくなります。

夏バテは、体温調節をする自律神経がうまく働かないことが原因です。**室温や栄養、睡眠**に気をつけましょう。

 ビタミンB群

夏バテは特に、**ビタミンB群**の補充が重要です。疲れを回復するためには、タンパク質を中心に、ビタミン、ミネラルを重点的に摂ることが重要です。豚肉やレバーのほか、卵、牛乳、大豆製品などがおすすめ。しっかり食べられない場合は、サプリで補うといいでしょう。

外と中の温度差を小さくする

　外気温と室内との**温度差が5度以上**になると、自律神経が乱れて夏バテしやすくなります。エアコンの温度を下げすぎないようにしましょう。温度調節ができないところでは、脱ぎ着しやすい服装などで工夫をしましょう。

体質や気持ちの不調

ぐっすり眠って疲れを取る

　夜暑くて眠れないために、疲れがたまることも夏バテの原因です。ぬるめのお風呂につかってリラックスする、エアコンや扇風機を調節するなどして**質のいい睡眠**を取りましょう。

　寝具を吸湿性に優れた麻や、接触冷感素材を使用した敷きパッドに替えてみるのもいいでしょう。

CASE 17
咳が長引く

風邪をひくと、熱や鼻水がおさまったあとでも、咳だけが残る。長いと1週間近く続くこともあります。

長引く咳は体力を消耗させます。まずは**水分をしっかり補給**して乾燥を防ぐこと、**居住空間を清潔に保つ**ことが重要です。

 刺激と乾燥を防ぐ

空気中のホコリやカビ、花粉など、小さな刺激も咳の原因になります。外ではマスクをして防ぐとともに、定期的なうがいで喉に入った異物を取り除き、粘膜をうるおしましょう。

室内でのみ咳が出る場合は、ハウスダストなど**室内のアレルゲン**が原因かもしれません。アレルギー科などで相談してみましょう。

麦門冬湯、柴朴湯、柴陥湯

　麦門冬湯は乾いた咳に効果があります。たんがあまり出ず、カラカラとした咳が続くときに効果的です。

　柴朴湯は、咳のほかに神経の高ぶりを抑えてくれる働きもあるので、なかなか寝つけない場合にいいでしょう。

　胸が痛くなるような咳であれば、柴陥湯がおすすめです。

体質や気持ちの不調

こんな時は

咳が1週間以上続く

　咳だけが1週間以上続く場合は、咳喘息、肺炎、百日咳など、別の病気の可能性があります。また、タバコを吸う方は、慢性閉塞性肺疾患（COPD）も考えられます。COPDとは、タバコの煙に含まれる有害物質により、肺の中の組織の一部が壊れてしまう病気で、たんをともなう咳や、動悸・息切れなどが主な症状です。長い咳は、一度しっかりと検査をすることが重要です。

CASE 18
すぐに太る

ご飯やお菓子の量を気をつけていないと、すぐ太ってしまう。また、昔より太りやすくなったような気もするのですが……。

エネルギーをつくる原料を、糖質ではなく脂質にすることが大切です。また、**身体の代謝を上げる**ことで、太りにくい身体になります。

 ### 間食は果物よりナッツ

果物は糖質を多く含んでいます。たとえば、バナナ1本には約28.2gの糖質が含まれており、これは**角砂糖7個分の量**です。間食は、栄養バランスに優れたナッツ類(無塩のもの)がおすすめ。脂肪分が高いので、食べすぎに注意しましょう。

糖質を控える

　細胞の材料となるタンパク質や、ホルモン生成の材料となる脂質とは異なり、糖質は**エネルギーになる**のが主な働きです。常に糖質が多く体内に入ってきていると、身体は糖質からエネルギーをつくり、結果として脂質は脂肪として蓄積されていきます（**余った糖質も脂質に変化**します）。

　糖質（主食）を減らしてタンパク質や脂質を多く摂ることで、身体が脂質による燃焼パターンへと変化し、結果太りにくくなります。

＼ 進化が原因？ ／

　原始時代を想像すると、私たちのご先祖様は十分な糖質を摂ることができなかったことがわかります。一方現代では、もっとも手軽に摂れる栄養素が糖質です。糖質はインスリンの分泌を促し、私たちを太らせ、ひいては糖尿病を引き起こします。ただ、食べることは楽しみでもあるので、上手にバランスを取りながら食生活を見直しましょう。

CASE 19
お腹まわりが気になる

手や足はそうでもないのに、このところお腹のまわりだけお肉がついてきた気がします。

お腹が出る原因は、**内臓脂肪**と**皮下脂肪**の2種類に分かれます。特に内臓脂肪は生活習慣病と関わりが深いので、しっかり落としましょう。

 甘いものを減らす

　下半身全体ではなくお腹まわりだけが出ている場合、**内臓脂肪が原因**の可能性があります。

　内臓脂肪は食事と代謝のバランスが崩れ、糖質が中性脂肪に変わることで蓄積されます。菓子パンを朝食にする、食後についデザートを食べてしまうなど、普段の食事を見直すことが大切です。

お腹が空いても少し我慢を

　空腹時、身体は体内にため込んだ脂肪を燃焼させてエネルギーに変えようとします。そんなとき、すぐにエネルギー源になる糖質中心の食事を取ると、**脂肪燃焼モードがストップ**してしまうのです。そこで、お腹が空いたと感じてから30分〜1時間ほど、食べるのを我慢しましょう。

　お腹が空いたときは、実は脂肪を落とす最大のチャンス。空腹を感じることも、健康には大切なことなのです。

「コレステロールが気になる」（p64）、「すぐに太る」（p72）の項目も参考にしてください。

CASE 20

太れない

食べても太れない。体力がなくてすぐ疲れるし、寒がりだし、もっと体重を増やして元気になりたいです。

胃腸の働きを高め、栄養をきちんと吸収できるようになれば、健康的に太ることができます。

 発酵食品を食べる

　胃腸に問題があると、食事がきちんと消化・吸収されずに排出されてしまいます。下痢(げり)になりやすい、便に食べたものの形が残っているなどは、そのサインです。納豆やみそ、キムチなどの発酵食品は、食べ物を消化する際に身体が必要とする**エネルギーや酵素が少なくて済む**ので、積極的に食べましょう。

ビタミン・ミネラルを十分に

　太れない理由として、十分なビタミンやミネラルが摂れていないことで食事が十分に吸収されないことも考えられます。もともと食の細い方が食事量を増やすことは難しいでしょうから、マルチビタミン・ミネラルなどの**サプリを活用する**ことが大切です。

> こんな時は
>
> **細いのに、暑がりですぐ汗をかく**
>
> 　他の人と同じくらい食べていても太れない方は、基礎代謝が高いのかもしれません。栄養素を摂ってもすぐにエネルギーに変えて放出するため、脂肪がつかないのです。胃腸を整えつつも、なるべく摂取カロリーを増やすことを心がけましょう。
>
> 　また、甲状腺ホルモンの異常（バセドー病など）も考えられるので、発汗が多く太りにくいときは、医療機関で検査することをおすすめします。

CASE 21

寝起きが悪い

朝に弱くて、目が覚めても身体や頭がぼーっとして働かない。ついつい二度寝して、気がつけば遅刻寸前ということも。

質のいい睡眠を取ることが、いい目覚めへの必要条件です。目覚めたあとは、副交感神経から**交感神経**へと身体を切り替えることが大切です。

 光を浴びて目を覚ます

太陽の光には、**体内時計をリセット**し、脳や身体を目覚めさせる効果があります。朝起きたらカーテンを開け、朝日を浴びましょう。

また、この効果を利用して音の代わりに強い光で起こす「光目覚まし時計」というものもあります。アラームで効果がない方は試してみましょう。

スヌーズ機能を使わない

　人は本来、「明日は何時に起きる」という意識を強く持つことで、自然と目覚めることができます。目覚まし時計のスヌーズ機能は二度寝を防いでくれる便利な機能ですが、実は**二度寝が習慣づく原因**にもなります。それは、スヌーズに慣れることで「起きよう」という意識が薄れるためです。

　スヌーズ機能をやめて、意識した時間に自然に起きることを目指しましょう。

> ### 進化が原因？
>
> 　日が沈んだら寝て、日が出れば起きる原始の生活から、現代はずいぶんとかけ離れています。昼間の疲れも抜け切らないうちに、目覚まし時計のアラームで起こされてもなかなか起きられないのは、仕方ないことなのかもしれません。少しでも一日のはじまりをはっきりと感じられるように、太陽の光を浴びたいものですね。

CASE 22
日中眠くなる

お昼ご飯を食べたあとは眠くて仕方がありません。仕事や用事があるときは本当に困ります。

日中の眠気も、夜の睡眠と関係があります。夜の眠りを改善し、**昼食の取り方**や**その後の過ごし方**を見直しましょう。

 短い**昼寝**＋**カフェイン**

　どうしても眠い場合は、短時間の仮眠をとりましょう。寝すぎると、かえって頭が働かなくなるため、**長くても15分程度**がベストです。

　カフェインは、摂取してから**約30分**で効果があらわれ、コーヒーを飲んだあとに仮眠を取れば、すっきりと再スタートを切ることができます。

昼食は腹八分目に

　糖質の多い食事を取ると、インスリンが過剰に分泌されます。その反動で低血糖状態になり、食後の眠気につながります。

　昼食では重たいものを選ばず、糖質の多いご飯は控えて腹八分目にするなど、**血糖値が急激に上がらないよう調整すること**が大切です。主食を抜いて、肉などのおかずのみにするのもいいでしょう。

体質や気持ちの不調

こんな時は

強烈な眠気は、他の病気のサイン？

　日中、強い眠気にあらがえず、どこにいても眠り込んでしまう。そのような方は、ナルコレプシーかもしれません。また、睡眠時無呼吸症候群が原因で十分な睡眠が取れていない場合もあるので、早めに専門機関を受診しましょう。

CASE 23
いびきがうるさい

家族から「いびきがうるさい」と言われる。眠ってしまうと気をつけようがないし、どうすればいいでしょうか。

いびきは、スムーズな呼吸ができていない状態です。**喉や口、鼻の状態**に原因がないか、まずは確認してみましょう。

鼻呼吸にする

口呼吸は、鼻呼吸よりも咽喉がせまくなるため、いびきが出やすくなります。鼻腔を拡張するテープや、口が開かないよう貼るテープなどを用いて、鼻呼吸にしましょう。鼻炎などがある場合は、その症状も合わせて改善していくといいでしょう。

口呼吸は、**さまざまな不調の原因**にもなります。健康増進のためにも、鼻呼吸の習慣をつけましょう。

気道付近の筋肉を強くする

　舌やその付近の**筋肉がゆるむ**ことでいびきが出やすくなります。歯のまわりをなぞるように舌を回したり、上下に動かしたりする運動で、筋肉の働きを高めましょう。

　また、太っている人は、首まわりに脂肪がついて気道がせまくなりがちなので、食事や運動などで脂肪を落とすことが大切です。

体質や気持ちの不調

＼ 進化が原因？ ／

　動物は呼吸の道筋と食べ物の道筋とが分かれており、自然と鼻呼吸となっています。人間は進化の過程で言葉を話せるようになった反面、鼻と口の道筋が交わっているため、口呼吸にもなってしまうのです。

　現代において人が抱えるさまざまな不調の多くが、口呼吸と関わりがあるとも言われています。日頃より意識して、しっかりとした鼻呼吸にしたいですね。

CASE 24
体臭が気になる

自分のにおいって、自分ではわからない。気になって、人に近づきづらいときがあります。

身体のにおいは、汗と皮脂が関係しています。外側からのケアと、**食事や運動**など内側からのケアで改善させましょう。

抗酸化作用の高い食品を摂る

体臭の原因として、体内で活性酸素が増えて身体が酸化していることが考えられます。ビタミンA・C・Eや、ファイトケミカル（リコピン、イソフラボンなど）など**抗酸化作用**のある**栄養素**を積極的に摂取しましょう。ブロッコリー、アボカド、ショウガなどがおすすめです。

皮膚の状態を清潔に保つ

　汗は、出たあとに皮膚の表面にいる悪玉菌に分解されますが、このときにいやなにおいの原因物質がつくられます。分解には1～2時間かかるため、汗はこまめに拭き、清潔にすることが第一です。

　入浴やシャワーで汗を流す際は、**こすりすぎてはいけません**。皮膚の表面を傷つけるだけでなく、皮膚を守る常在菌が減ってしまうため、かえって体臭が強くなってしまいかねないからです。

有酸素運動

　ウォーキングや軽いジョギングなどの有酸素運動は、身体の酸化を抑え、汗腺の機能を高めることで、体臭を改善します。

CASE 25
やる気が起きない

掃除や洗濯、洗い物。やるべきことはたくさんあるのに、どうもやる気が出なくてためてしまいがちです。

やる気が出ないのは、脳のホルモン、セロトニンやノルアドレナリンが不足しているのかもしれません。まずは**食事**、そして**生活に変化**をつけましょう。

ビタミンはB群を中心に

ビタミンB群、中でもビタミンB₆が不足すると、心を落ち着かせるホルモンであるセロトニンが減り、精神的に不安定になりやすくなります。

なお、ビタミンB群を効果的に働かせるには「B群」として**まとめて摂取する**ことが大切なので、サプリを上手に活用しましょう。

目標を下げる

やる気が出ない原因の一つに、掲げている**目標が高すぎる**ことが挙げられます。常に上を目指して努力するのはとてもすばらしいことですが、達成できない目標に挑み続けていると疲れてしまい、だんだんとやる気が出なくなります。達成できそうな高さに目標を再設定してみましょう。

 ## 行動パターンや環境を変える

生活の流れがワンパターンになり変化がなくなると、心がとどこおり、やる気が起きなくなります。そんなときは、自分の普段の行動や環境を少し変えてみましょう。いつもと違うスーパーに行く、掃除の順番を変える、出勤時の服装や小物を新しくするなど、**ささいなこと**でかまいません。

CASE 26
情緒不安定になる

一度不安な気持ちになると、落ち着かなかったり、小さなことで落ち込んだり。自分の気持ちをコントロールできません。

女性は、**月経前のホルモンバランスの乱れ**が自律神経にも関わるため、情緒不安定になりがちです。バランスを整えるためのケアが大切です。

身体を温める

半身浴や足浴をする、ハーブティーやホットミルクなどの温かい飲み物を飲むなど、身体を温め副交感神経を優位にしましょう。
「湯たんぽを使う」(p15)、「身体が冷える」(p46) も参考にしてみてください。

心が落ち着く習慣をつくる

心が不安定な状態を和らげるには、その**原因から意識をそらし、離れる**こと。運動する、音楽を聴く、香りをかぐなど、自分の好きなことに気持ちを向けましょう。

スポーツ選手が行う「ルーティン」も、毎回同じ動作を繰り返すことで、試合でも落ち着いて普段どおりの力を出せるという効果があります。自分なりのルーティンをつくってみましょう。

 ## 抑肝散加陳皮半夏（よくかんさんかちんぴはんげ）、香蘇散（こうそさん）

全身の組織や器官に栄養を与える「血（けつ）」が不足していると、エネルギーである「気」がうまく身体をめぐらないため、小さなことに神経質になりがちです。

抑肝散加陳皮半夏（よくかんさんかちんぴはんげ）は「血」を補いつつ、自律神経の調節をして「血」「気」のめぐりをよくします。また香蘇散（こうそさん）は、気分の落ち込みを解消します。

CASE 27
いらいらする

すぐにいらいらしてしまう。あとで考えたら、大したことじゃないのに、その場ではいらいらが抑えられません。

いらいらする気持ちは、ストレスに対する**防御反応**の一種とも言えます。いらいらを抑える栄養を摂り、**気持ちをため込まない**ようにしましょう。

 カルシウム＆トリプトファン

カルシウムには、歯や骨を強くする働きのほかに、**脳神経の興奮を抑える働き**もあります。しいたけなどに含まれているビタミンDは、カルシウムの吸収を助けてくれます。

また、気持ちを落ち着かせるホルモン、セロトニンの原料となるトリプトファン（p45）を摂ることも大切です。

感情をアウトプットする

いらいらした気持ちをため込んでいると、心に少しずつ疲れが蓄積します。**定期的に外に吐き出す**ことで、すっきりさせましょう。

誰かに話を聞いてもらうと、自分の気持ちが整理されます。悩み解決のヒントがもらえることもありますし、新たな気づきが生まれてくることもあります。

人に話しづらい、話せないという方は、自分の今の悩みやストレスの内容について紙に書いてみるのもおすすめです。頭の中や心の中だけで思考をぐるぐるめぐらせず、**アウトプット**することが大切です。

CASE 28
リラックスできない

日中は、いつも緊張している気がして、心がほどけない。家に帰っても、どう休んでいいかわからないときがあります。

交感神経の優位が続いたために、副交感神経へ切り替えにくくなっている状態です。**副交感神経を刺激**するための習慣を取り入れましょう。

 動物や植物に触れる

「アニマルセラピー」や「園芸療法」があるように、**動植物に関わる**ことは心をいやす効果があります。家にいても心が張り詰めて、なかなかリラックスできないという方は、ペットを飼ったり植物を育ててみたりするといいでしょう。

呼吸に意識を向ける

意識して、ゆっくりと呼吸してみましょう。具体的には、自分の呼吸の様子を実況中継するような感じです。まずは3分からはじめ、少しずつ時間を延ばしてみましょう。

体質や気持ちの不調

背筋を伸ばして座り、姿勢を整えます。
目を閉じ、お腹がふくらんだりへこんだりすることを感じながら、ゆっくり鼻呼吸を繰り返します。

\ 進化が原因？ /

現代は、小さな空間の中で多くの人が活動しています。人間は本来、今よりもはるかに人数の少ないまばらな状況で生活してきました。それゆえに混雑した状況は、私たちにとって強いストレスになるのです。

すべての人が自然の中でのびのび働く状況になることはないでしょうから、上手に環境との折り合いをつけていきたいですね。

column
睡眠負債を減らしたい

脳の疲れは、睡眠でしか回復できません。十分に眠れず、脳の疲れが取れないうちに無理に起きて活動することを続けると**睡眠負債**となって積み重なり、次第に心身に悪影響を及ぼします。

日々たまっていく睡眠負債を減らすには、いつもの就寝時間よりも**1時間程度**、早く眠るようにしましょう。ポイントは、「早く寝て普段と同じ時間に起きる」こと。1時間が無理なら、15分でもOK。就寝時間を早めやすい休日からはじめてみましょう。

また栄養面では、カルシウムやマグネシウムが睡眠の質を高めてくれるので、積極的に摂りましょう。

第3章

身体の一部・表面の不調

CASE 29
首が前に突き出る

写真に写った自分を見たら、首が前に突き出た姿勢をしていたのですが……。

首の骨の自然なカーブが失われると、肩こりや頭痛、さらに腰の痛みなど全身に悪影響が及びます。**習慣や体操**で改善しましょう。

🌙 タオル枕を使う

タオルでつくった「タオル枕」がおすすめです。1日5分程度から始めて、徐々に時間を伸ばしていきましょう。

① バスタオルを巻いて高さ8〜10cmの枕をつくる。
② 首に当て、真上が見えるか、呼吸しやすいかをチェックしながら、タオルの高さや当たり具合を調節する。
③ 後頭部が浮く場合は、別のバスタオルを下に敷く。

たすきがけヒモトレ

　ひもで輪をつくり、背中でクロスするようにたすきがけにします。しゃんと背が伸びるので、猫背や肩こりに効果があります。

身体の一部・表面の不調

大きめの輪をつくり、8の字にして両腕を通す。

ひもを首の後ろに回してから、両肩に通す。

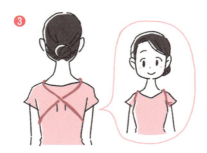

少しゆるみが出るくらいにゆとりを持たせる。

CASE 30
足がつりやすい

久しぶりに運動した日の夜は、よくこむら返りを起こす。寝ている最中に足がつって目が覚めるのがつらいです。

筋肉のコントロールが失われて硬直・収縮するのが「足がつる」症状です。**ミネラルを補い**、血流をよくしましょう。

運動後＆就寝前のストレッチ

　筋肉が疲れているときは、足がつりやすくなります。運動したあとはもちろん、就寝前にも軽く**ストレッチをする習慣**を持ちましょう。日中の足の疲れをほぐし、血行をよくすることで、足がつりにくくなります。

ミネラルを補給する

　暑い季節や運動をする際はスポーツドリンクや経口補水液でミネラル（特に**カルシウムとマグネシウム**）を補給しましょう。
　また、夜間は体温が下がるため、血流が悪くなって足がつりやすくなります。寝る前は水分補給を心がけましょう。

芍薬甘草湯（しゃくやくかんぞうとう）

　芍薬甘草湯（しゃくやくかんぞうとう）は、「気」と「血（けつ）」を補い、筋肉の過剰な緊張を和らげてくれます。

> **＼ 進化が原因？ ／**
>
> 　現代人は、エネルギーは十分に取れていても、ミネラルが不足しがちであると言われています。これは新型栄養失調とも呼ばれ、加工品の多い現代の食事情とも深く関係しています。ミネラルは食品にわずかしか含まれないので、サプリなどを上手に利用しましょう。

身体の一部・表面の不調

CASE 31
顔がむくむ

寝不足の日やお酒を飲んだ翌日は、顔やまぶたがむくむ。家を出る頃になっても取れません。

顔のむくみも、足のむくみと同様、血行の悪さが原因です。外側からの**マッサージ**にプラスして、**むくみにくい習慣**を身につけましょう。

塩分・アルコールの量に気をつける

塩分やアルコールは、むくみの原因となります。お酒を飲むときは、量はほどほどにして、味の濃いおつまみは避けましょう。昆布やワカメなどを使ったサラダは、**カリウム**が多く含まれているのでおすすめです。

枕の高さを調節する

　枕が合っていないと**顔や首の血流**が悪くなり、むくみやすくなります。いびきをかいたり、起床時に首や肩のこりを感じたりするときは、枕の高さを変えてみましょう。

 ## 百会(ひゃくえ)

　頭頂部にある百会(ひゃくえ)というツボには、自律神経を整えて血行を促し、むくみを緩和する効果があります。他にも血圧を下げる、頭痛や目の疲れ、肩こりなど、多くの不調に効果があります。

頭皮全体をマッサージすることで、血液やリンパの流れがよくなります。

CASE 32
膝が痛む

立ち上がるときや正座をしているときに、膝の痛みが気になることがある。どうしたらいいのでしょうか。

膝関節の軟骨部分がすり減って炎症を起こす**変形性膝関節症**、もしくは**関節リウマチ**かもしれません。痛みが続く場合は、医療機関を受診しましょう。

 膝のまわりの筋肉をつける

加齢や運動不足で膝を支える筋肉が衰えていると、関節にかかる負担が大きく、症状が進みやすくなります。**膝のまわりの筋肉をつける**ことで痛みを食い止めることができますが、自己判断せずに医師に相談することをおすすめします。

正しい歩き方を実践する

　背筋を伸ばし、お腹を引き締めたら、腕を軽く振りながらテンポよく歩きましょう。足は、つま先で押すように地面から離し、膝を伸ばしてかかとから着地します。

　○脚の人は、膝内側の軟骨が減りやすくなるので要注意です。状態に合わせて**インソールを用いる**などして、膝にかかる負担を軽くしましょう。

＼ 進化が原因？ ／

　四足歩行と比べ、二足歩行は、膝に負担がかかります。扁平足（へんぺいそく）など足のアーチの崩れも、これに拍車をかけます。膝に痛みのある方はウォーキングポールを用いた「ノルディックウォーキング」であれば、四足の動物に近い効果によって無理なく安全に歩くことができます。

CASE 33
肌がカサカサ・ベタベタ

肌が乾燥したりベタついたり。顔は特に、部分によってカサつきやテカりがあって、化粧のノリが悪いです。

カサつきは、**皮脂や水分バランス**が乱れた状態です。ベタつきは、**乾燥**により減った水分をカバーするために皮脂が出すぎている状態です。

薏苡仁（よくいにん）

　肌の中の「水（すい）」のバランスが崩れることで、乾燥などのトラブルが発生します。薏苡仁（よくいにん）は、肌に栄養を送るとともに、体内の水分のバランスを調節する作用がある漢方で、イボなどにも効果があります。

洗いすぎない

ボディソープをタオルにたっぷりつけて丁寧に時間をかけてゴシゴシ……そんな洗い方をしていませんか？ これでは、肌をきれいに保ってくれる善玉菌が減るだけでなく、**必要な水分や皮脂**まで落としてしまいます。

ボディソープはわきや首など気になる部分だけにして、他はお湯のみで手でやさしくなでるように洗いましょう。

身体の一部・表面の不調

\ 進化が原因？ /

進化の過程で体毛がなくなった肌を洗いすぎると、その表面にある皮脂が落ちてしまい、肌トラブルが頻発します。ツルツルの肌になるには、適度な量の皮脂が必要です。皮脂には身体を外界から保護する役目もあるので、落としすぎないよう気をつけましょう。

CASE 34
ニキビ・吹き出物がなくならない

ちょっと不摂生すると、すぐニキビができる。いつもどこかにできているような気がして、いやになります。

ホルモンバランスが乱れて皮脂が出やすくなり、**汚れとともに毛穴に詰まる**ことが原因の一つです。肌表面だけでなく、内側からのケアを心がけましょう。

 洗い残しに気をつける

顔の表面に残ったメイク汚れや洗顔料などは、ニキビの原因の一つ。洗い残しに気をつけましょう。ただし、洗浄力の強い洗顔料を使ったり、強くこすったりすると、肌が乾燥してさらにニキビができやすくなります。

大豆製品を食べる

　豆腐や納豆などの大豆製品に含まれる**大豆イソフラボン**は、女性ホルモンの一種であるエストロゲンと似た働きをします。つやややかな肌を保つコラーゲンとヒアルロン酸の生成に関わるので、積極的に摂りましょう。

　また、大豆製品には、コラーゲンの生成を助けるタンパク質も豊富に含まれるため、肌を整える上ではおすすめです。

身体の一部・表面の不調

 ## ゴールデンタイムを
しっかり取る

　肌のターンオーバー（新陳代謝）を促進する成長ホルモンは、入眠後3〜4時間頃に分泌されます。これは「ゴールデンタイム」といって、肌だけでなく身体の疲労を回復する時間なので、深く眠ることが大切です。

CASE 35
肌のハリが減ってきた

肌のハリが減って、しわやたるみが前と比べて少しずつ増えている気がします。

肌のうるおいや弾力を取り戻すには、**外から保湿**するだけでなく、元気な細胞にするために**食事に気をつける**ことが大切です。

ビタミンCをこまめに

ビタミンCは、コラーゲンの生成を助ける、メラニンの生成を抑えるなど、美肌効果が高い栄養素です。水に溶けやすく、体内に長くとどまらないので、サプリなどで2〜3時間ごとにこまめに摂ることをおすすめします。

コエンザイムQ10

　細胞中の小器官であるミトコンドリアは、生命活動に必要なエネルギーをつくり出す重要な器官です。**コエンザイムQ10**は、そのミトコンドリアに欠かせない栄養素です。コエンザイムQ10が不足すると、肌の調子が悪くなるだけでなく、疲れやすくなり、抵抗力も落ちてしまいます。

　コエンザイムQ10は、サプリで摂取するのがおすすめ。酸化型と還元型の2種類ありますが、体内に入ってから還元型に変換する必要のある酸化型よりも、最初から活用できる形の**還元型**がいいでしょう。コエンザイムQ10を摂ることでミトコンドリアが活性化すると、肌にツヤとハリが保たれるのです。

CASE 36
目の下のクマが取れない

最近、睡眠不足が続いているせいか、目の下にクマがよくできる。なかなか消えないので、困っています。

クマは、原因によって黒・青・茶と色味が異なります。**タイプ別のケア**を心がけましょう。なお、目のまわりは皮膚が薄く**刺激に弱い**ので、注意が必要です。

抗酸化作用のある食品を

黒っぽいクマは、目の下の皮膚がたるみ陰ができていることが原因です。**肌にハリを持たせること**が大切なので、タンパク質やビタミン、抗酸化作用のある栄養素を含む食品（p84）を積極的に摂るようにしましょう。

休息とマッサージ

　寝不足や体調不良のときに出やすい青黒いクマは、目のまわりの毛細血管の血行不良により、酸素の少ない血管が透けて見えている状態です。目や体の疲れと関連しているので、**疲れを取ること**が大切です。
　また、目のまわりを蒸しタオルで温める、軽くマッサージをするなどで血行をよくしましょう。

 ## 皮膚への刺激を減らす

　茶色っぽくくすんだクマは、紫外線や乾燥、目のこすりすぎといった刺激により、メラニンが蓄積していることが原因です。これは皮膚自体に色がついた状態で、体調によって変化しません。
　紫外線対策と集中的な保湿、洗顔の仕方を見直すなどして、**皮膚へのダメージを減らしましょう**。皮膚の代謝を高めるビタミンA・C・Eの摂取もおすすめです。

身体の一部・表面の不調

CASE 37
手あれがつらい

秋・冬になると手がガサガサ。ハンドクリームが手放せない。痛かったりかゆかったりしてつらいです。

肌が乾燥して敏感な状態になると、カサつきやひび割れといった手あれに。ワセリンなどによる**十分な保湿が重要**です。

 ## 肌に合うハンドクリームを

　ハンドクリームは、保湿を重視するならヒアルロン酸、セラミド、グリセリンなどが配合されたものや、低刺激で不純物の少ない**白色ワセリン**がおすすめです。
　あかぎれやひび割れに悩むときは、炎症を抑え血行をよくするビタミンが配合されたものを使用するようにしましょう。

保湿は油分・水分の両方を

　手あれには、こまめな保湿が欠かせません。ハンドクリームは油分がベースのものが多く、肌の水分が蒸発するのを防いでくれます。また、肌の乾燥には水分も大切。化粧水などで**十分に水分を補給**してから、ハンドクリームをぬるといいでしょう。

水仕事の前後はケアを

　食器用洗剤などに含まれる洗浄成分は、手の皮脂を洗い落とし、皮膚のバリア機能を低下させる原因になります。肌にやさしい成分の洗剤を選ぶこと、手袋をすること、水仕事前後の保湿が大切です。

　また、熱いお湯は皮脂が落ちやすく、刺激が強いため、**ぬるめのお湯**を使うことを心がけましょう。

身体の一部・表面の不調

CASE 38
爪の状態が悪い

爪が欠けてしまうときがある。欠けていなくても、すじが入って形が悪いので、どうにかしたいです。

爪には、**身体の調子の良し悪し**があらわれています。不調は早めにケアするとともに、**身体の他の部分**にも不調が出ていないか、確認しましょう。

 材料となるタンパク質を

爪は、ケラチンというタンパク質の一種でできています。肉や魚、卵などの食品や、**植物性プロテイン**などからタンパク質を摂りましょう。

レバーやうなぎなどの魚介類には、ケラチンの生成を助け、健康な爪をつくるビタミンAやB₂、亜鉛、鉄などが含まれています。

乾燥を防ぐ

　縦のすじは、爪に水分や栄養が十分に行き渡らず、乾燥することで生まれます。バランスのいい食事などで栄養を補給するとともに、マッサージや保湿で血行を促し、乾燥を防ぎましょう。

身体の一部・表面の不調

　横のすじは、爪をつくる爪母（そうぼ）（爪のすぐ下の皮膚部分）が、なんらかの身体の不調によってうまく働かず、爪が正常に成長できなかったことが原因で生まれます。**以前に健康が崩れていたことのサイン**でもあるので、へこみが深かったり、すじが続いてあらわれたりする場合は、体調に注意を向けるようにしましょう。

CASE 39
急にのぼせる

ときどき、顔が熱くなって真っ赤になる。特に暑くなくてもなることがあって、まわりに心配されます。

のぼせやほてりは、**ホルモンバランスの乱れ**などにより、血管の収縮・拡張がうまく働いていないことが原因です。

 軽い運動で自律神経を整える

ウォーキング、サイクリング、水泳やヨガなど軽めの**有酸素運動**を取り入れましょう。血行がよくなるのと同時に、質のいい睡眠にもつながり、自律神経のバランスが整います。日々たまるストレスや疲れを解消することが大切です。

冷えを感じるときは温める

　身体の冷えからくるのぼせもあります。**顔は熱くても手足は冷たい**という方は、気をつけましょう。

　のぼせを感じたときは顔などの熱い部分を冷やすことが大切ですが、普段の生活においては身体を温めることを心がけましょう。半身浴は、心身ともにリラックスできるのでおすすめですが、長時間の入浴は禁物。**ぬるめのお湯**（38〜40度）で、15分程度にとどめましょう。

身体の一部・表面の不調

 加味逍遙散（かみしょうようさん）

　東洋医学では、のぼせはエネルギーである「気」の流れの異常によるものと考えます。本来、上半身から下半身へめぐる「気」が逆流して上半身にたまり、熱を発しているのです。

　加味逍遙散（かみしょうようさん）は、「気」のめぐりを整え、たまった熱を冷やす効果があります。

CASE 40
寝汗をかきやすい

朝起きると、寝ている間にかいた汗で、パジャマや枕がしめっていることがあります。暑くて、夜中に目が覚めることも。

寝汗はのぼせと同様、体温調節を担う**自律神経**のコントロールができていないことが原因の一つです。

寝る前にリラックスを

　ストレスなどで副交感神経がうまく働かないと体温調節ができず、寝汗をかきます。そのため、リラックスして眠りにつくことが大切です。

　人は寝ている間、一晩で**コップ1杯程度**の汗をかくと言われます。ただし、パジャマを取り替えなければならないほど寝汗が多いときは要注意。あまりに続くときは、病院を受診しましょう。

パジャマや寝具を見直す

　身体の温めすぎは、寝汗の原因になります。冬でも、電気毛布や電気あんかを**長時間布団の中で使う**のは控えましょう。
　パジャマは、吸湿性・吸水性のいいものを選ぶこと。パジャマが汗を吸収できないと不快感が増し、睡眠のさまたげとなります。また、通気性に優れた敷きパッドや枕カバーもおすすめです。

 ## 八味地黄丸(はちみじおうがん)

　東洋医学では、寝汗のことを「盗汗(とうかん)」といい、身体の具合を判断する重要なポイントと考えています。体内の水分が足りないため熱がこもり、その熱を下げるために大量の汗をかくのです。
　八味地黄丸(はちみじおうがん)は「水(すい)」を補い、熱を下げる効果があります。

CASE 41
口内炎ができやすい

少し疲れているなと思うと、すぐ口内炎ができる。痛くてご飯も食べづらいし、なんとかならないかしら。

口内炎は、ストレスや疲れによる免疫力の低下、栄養不足などで引き起こされます。休養を取り、**身体の抵抗力を高める**ことが大切です。

 ビタミン B_2 を摂る

　粘膜を強めるビタミン B_2 は、激しい運動や体調不良のときに**大量に消費**されます。そのため、疲れやストレスがたまると体内のビタミン B_2 が不足し、口内炎になりやすくなるのです。

　免疫力を保つビタミン B_6 や粘膜のうるおいを保つビタミン A、抵抗力を高めるビタミン C と一緒に摂りましょう。

口内環境を清潔に

　歯みがきの際は、刺激の少ない歯みがき粉や柔らかめの歯ブラシを選びます。うがいの際は、殺菌力の強いヨード系のうがい薬や、刺激の強いマウスウォッシュは避けましょう。
　アズレン系（アズレンスルホン酸ナトリウム水和物）のうがい薬は炎症を鎮める作用があるので、口内炎にも効果があります。

> 身体の一部・表面の不調

 ## 抗生物質の服用に注意

　口の中にはもともと複数の常在菌がいて、バランスを保ちながら悪い細菌やカビの繁殖を防いでいます。ところが、殺菌作用のある抗生物質を長期間使っていると、**口内の常在菌のバランスが崩れ**、口内炎ができやすくなってしまうのです。

CASE 42
口が乾く、ねばつく

朝起きると、ほおの内側や舌がねばつく感じがして、口のにおいも気になります。

口の中の乾燥やねばつきは、**呼吸や食生活**に深い関わりがあります。生活習慣を見直すことが大切です。

唾液を出す

　加齢による唾液腺の機能低下や、ストレス、病気、薬の副作用などは、**口内環境を正常に保つ**ために欠かせない唾液の分泌に悪影響を及ぼします。

　あめをなめる、ガムを噛む、かたいものを食べるなどして、唾液の分泌量を増やしましょう。また、ご飯をよく噛んで食べることも大切です。

口呼吸から鼻呼吸に

　口呼吸は、口の乾きやねばつきを引き起こすだけでなく、口臭、歯周病、免疫力(めんえき)の低下など、さまざまな不調につながります。鼻呼吸は**意識すること**で改善されることも多いので、口呼吸防止のテープや鼻腔(びくう)拡張テープなども利用して、鼻呼吸へと変えましょう。

 ## こまめな水分でうるおいを

　口の中が乾いていると、悪影響を及ぼす細菌を洗い流せません。増殖した細菌は口内のねばつきや口臭だけでなく、歯周病を引き起こす原因にもなります。また、粘膜の免疫力が低下し、口内炎もできやすくなります。

　水やお茶でこまめに口の中をうるおすとともに、**水分を補給する**ことが大切です。

身体の一部・表面の不調

CASE 43
ドライアイがつらい

仕事で長時間パソコンを使っていると、だんだん目が乾いてくる。ゴロゴロしたり、不快感があったりします。

涙の量や質のバランスが崩れ、目をしっかりとカバーできない状態が **ドライアイ** です。うるおいを均一にするために、涙の量・質を高めましょう。

 ## 目の皮脂腺の働きを高める

　ドライアイは、涙の量や質以外に、眼の表面をおおい、涙の蒸発を防ぐ**脂が少ない**ことも原因の一つです。皮脂腺はまぶたの縁にあるので、縁をおおうようなアイメイクには気をつけましょう。

　蒸しタオルやホットアイマスクは、脂が分泌されやすくなり、目の疲れにも効果があるのでおすすめです。

コンタクトレンズの場合

　コンタクトレンズをつけていると涙が蒸発し、目が乾きやすくなります。家ではメガネに変えるなど、装着時間をなるべく減らしましょう。また、目の乾きに強い**酸素透過率の高い**レンズに変えるのもおすすめです。

　ソフトレンズの場合は使用期間を守り、**含水率の低い**ものを選びましょう。

目の乾燥を防ぐ

　エアコンの風に直接当たらない、加湿器を使用するなど、目が乾きにくい環境を整えましょう。パソコンやスマホを見ているときは、脳が情報を処理しようとして集中するので、自然と**まばたきが減って**しまいます。こまめに休憩し、意識的にケアしましょう。

CASE 44
視力が弱まった

最近、近くのものが見えづらい。夕方になると、特に見えにくくなる気がしますが、もしかして老眼でしょうか？

近年は、**若い世代**でも老眼になる方が増えています。目への刺激を減らし、栄養を摂っていたわりましょう。

 緑黄色野菜を

　ルテインは、老化の原因となる**活性酸素**を抑える栄養素です。目の網膜の一部である黄斑(おうはん)に多く存在し、紫外線やブルーライトなどの光を吸収して、黄斑を守る働きがあります。にんじん、ほうれん草、カボチャなどの緑黄色野菜やサプリなどで、ルテインを積極的に摂取しましょう。

サングラスを着ける

　日差しの強い季節に外出する際には、必ず**紫外線カット機能**のあるサングラスを着けましょう。レンズの色が濃いだけで紫外線カット機能がないものは、視界が暗いため瞳孔が開いた状態で多量の紫外線を浴びるので、かえって悪影響です。

　急激な視力の低下は緑内障や網膜剥離(はくり)の可能性もあるので、放置せずに眼科で検査を受けることが重要です。

＼ 進化が原因？ ／

　私たちは他の動物たちよりも、たくさんの小さな物に目をこらします。文字の読解は、そのいい例です。スマホは特に、読書よりも目に負担をかけます。これは、首が前に突き出してしまういわゆる「スマホ首」にもつながるもので、目のみならず姿勢にも大きな負担となっているのです。人間が文字による文化を打ち立てた代償と言えるかもしれません。

CASE 45
抜け毛が気になる

このところ、抜け毛が増えてきたような……。シャンプーやドライヤーのあとは、抜け毛の量をチェックしてしまいます。

通常でも、毎日100本前後の抜け毛があると言われています。育毛サイクルの乱れが抜け毛の増える一因なので、まずは<u>頭皮の状態</u>を改善しましょう。

頭皮に必要な栄養素を摂る

タンパク質やビタミン、亜鉛など、髪の成長に必要な栄養素を意識して摂りましょう。ただし、**お酒の飲みすぎ**は、アルコールを分解するために、髪に必要な栄養素が使われてしまうので要注意です。

血行をよくする

　毛根に栄養をきちんと行き渡らせるために、頭皮の**血行をよくする**ことが大切です。マッサージやツボ（百会、p101）がおすすめです。

　血管を収縮させる喫煙は控えましょう。また、血液中の脂質が高いと血行が悪化し、頭皮や毛根へ栄養が行きづらくなるので、食生活を見直すことが重要です。

 ## 適切な方法でシャンプーを

　シャンプーは、頭皮に必要な皮脂まで奪ってしまいます。皮脂が減って**乾燥した頭皮**は、抜け毛や髪質の悪化だけでなく、かゆみやフケなどの頭皮トラブル全体の原因にもなります。

　頭皮の状態が気になるときはシャンプーを**使用する頻度を低く**し、先に手で泡立ててから指の腹で洗いましょう。熱いお湯でなく、ぬるめのお湯で流すことも大切です。

身体の一部・表面の不調

CASE 46
髪がパサパサする

髪が傷んでいるのか、パサパサ、きしきしして、髪がうまくまとまりません。

肌と異なり、髪は自己修復することができないので、一度傷むとなかなか元どおりになりません。髪の傷みを悪化させない習慣を心がけましょう。

 ### ケラチンをつくる栄養素が大切

爪の主成分であるケラチン（p114）は、髪の毛を構成する成分でもあり、**髪のコシやツヤ**に関わっています。ケラチンの材料となる肉や魚などのタンパク質や、代謝を上げて髪を丈夫にする亜鉛やビタミンを一緒に摂ることを心がけましょう。

摩擦や紫外線に注意

　ヘアカラーやブリーチのほか、**髪どうしの摩擦**は、髪を保護するキューティクルがはがれて髪が傷む原因となります。髪が濡れた状態でブラッシングしたり、髪をこするように拭いたりしないようにしましょう。髪をきちんと乾かさず生乾きのまま寝るのも、パサつきの原因になります。

　また、**紫外線**も髪にダメージを与えます。紫外線の強い時期や場所では、帽子やスプレータイプの日焼け止め、UVカット成分の含まれたオイルなどを使って髪を守りましょう。

身体の一部・表面の不調

CASE 47
骨密度が低い

健康診断で、骨密度が低いと言われた。自覚症状は特にないけれど、何に気をつけたらいいでしょうか。

骨の強度が低下して骨折が起こりやすくなる**骨粗鬆症**。食事や運動を見直すことで、骨を強く保ちましょう。

 軽めの運動を

　骨密度の改善には、身体を動かす習慣を取り入れることが大切です。ジョギングやエアロビクスなど、骨にかかる**負荷が大きく、繰り返しの多い運動**がいいとされていますが、運動する習慣がない方は、ウォーキングなど、負荷の少ないものからはじめましょう。

カルシウムを意識する

　カルシウムの摂取量が少ないと、骨からカルシウムがどんどん溶け出してしまいます。特に、女性は閉経期を迎えると、骨からカルシウムが溶け出すのを抑える**エストロゲン**（女性ホルモン）が低下するため、骨粗鬆症になりやすくなります。

　カルシウムは、不足しがちな栄養素です。毎日の食事に豆腐やヨーグルトを追加するなど、意識して摂取しましょう。

\ 進化が原因？ /

　人間は昔から大地を踏み締めて歩くことにより、骨に刺激を与え、骨密度を高めてきました。それが、屋内でのデスクワークが増えることで骨に刺激がいかず、日光にも当たらないので、骨がもろくなっているのです。屋外での運動を、意識して増やしたいものですね。

column
慢性上咽頭炎が不調を起こす？

「鼻に違和感がある」「喉がイガイガする」といった不調の原因に、**上咽頭（鼻の奥、喉の上方）の炎症**があります。上咽頭は免疫システムや自律神経の調節に深く関わりがあるとされており、慢性的な炎症は鼻や喉だけでなく、身体のだるさや肩こり、頭痛といった別の症状も引き起こすと言われています。

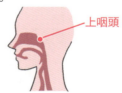
上咽頭

慢性上咽頭炎の治療として、鼻や口から綿棒を入れ、炎症部分に塩化亜鉛をぬる「EAT：上咽頭擦過治療（通称Bスポット療法）」が今、注目されています。炎症を抑え、うっ血を改善し血流をよくするとともに、迷走神経を刺激して、自律神経を調節することで、鼻や喉以外の**さまざまな不調がおさまる**ことが期待されているのです。

第4章

体内の不調

CASE 48
胃が痛くなる

最近、夕方から夜にかけて胃の痛みを感じる。今までストレスで胃が痛くなったことが何度かあったので、心配です。

胃酸が分泌されすぎて、胃の粘膜に**傷や炎症ができる**ことが原因です。胃の調子は、ストレスなど**精神状態**にも大きく影響されます。

呼吸で自律神経を整える

　自律神経のバランスを整えて胃酸の過剰な分泌を抑えるには、呼吸法が有効です。意識をへその下に集中させ、お腹に空気を入れるイメージで鼻から息をゆっくり吸いましょう。空気を十分入れたら数秒息を止め、へその下に力を入れたままゆっくり鼻から息を吐きましょう。**吐く息を長くする**のがポイントです。

胃酸の出やすい食品を控える

「自分が好きなものを食べてストレスを発散したい！」と思われる方もいるでしょう。ですが、**香辛料**（唐辛子、こしょう）、**甘味の強いもの**（洋菓子、和菓子、煮豆）、**食塩の多いもの**（漬物、塩辛）、**酸味の強いもの**（柑橘類の果物、酢の物）は、胃酸を過剰に分泌させてしまいます。胃痛があるときには、できるだけ控えるようにしましょう。

また、アルコールや炭酸飲料、コーヒー、紅茶、濃い緑茶といった飲み物も胃酸の分泌を促す働きがあります。特に、度数の高いアルコールは胃酸が出やすくなるだけでなく、空腹の状態で飲むと胃粘膜があれる原因になるので、気をつけましょう。

寒暖差からくる冷えに注意

冬から春、夏から秋などの寒暖差が激しくなる季節の変わり目は、気温の変化によって自律神経のバランスが崩れ、胃痛が起こることがあります。たとえば腹巻きやカイロを使う、温かい飲み物を飲むなど、**胃を冷やさないように**気をつけましょう。

胃に負担をかけない食べ方を

熱すぎる、冷たすぎる食べ物は控えましょう。胃は熱さや冷たさを感じにくいため、意識しないうちに負担をかけてしまいがちです。

また、**食べるタイミング**も大切です。朝起きてすぐや寝る直前の食事は、胃に負担がかかるので注意が必要です。

足三里、内庭

胃痛には、膝の真下の突起した骨から外側に指2本分の場所にある足三里のツボが効果的です。この足三里から、人差し指と中指のつけ根にある内庭というツボまでをマッサージしてみましょう。

体内の不調

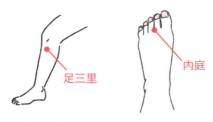

足三里　内庭

こんな時は

みぞおちが突然痛む

　突然のみぞおちの痛みや吐き気、下痢といった症状は、急性胃炎の可能性があります。痛みの出た日は、無理に食べようとせず絶食するようにしましょう。ただし、最低限の水分補給は必要ですから、白湯をゆっくり飲みましょう。

　多くの場合はこのままで治りますが、その後もしばらく続くようであれば、内科や消化器科などを受診することをおすすめします。

CASE 49
食欲が出ない

夜、仕事から帰ってもお腹が空かず、ご飯を食べる気が起きない。どこか身体の調子が悪いのでしょうか。

食欲が出ないときは、精神的なストレスや市販薬の副作用などの可能性もありますが、**胃腸の不調**が主な原因と考えられます。

 ## 食欲がないときは無理しない

　食欲がないときに無理に食べようとすると、胃腸へのストレスによって消化不良となります。一日三食を守る必要はありません。「今日は食べる気がしないな」と思ったら、食事を抜いてみることも大切です。

　ただし、脱水症状にならないよう、**水分補給**は忘れないようにしましょう。

消化力に合わせた食事を

人間の消化力は、朝昼晩で変化します。夕飯が一日のメインの食事と考えがちですが、胃の消化力の視点から見ると、昼が一番、食べられるのです。自分の**消化力の変化**に合わせて食事量を調節しましょう。朝食も、無理して食べる必要はありません。

体内の不調

こんな時は

亜鉛不足による味覚障害？

牡蠣（かき）やうなぎなどの魚介類に多く含まれる亜鉛が不足すると、舌がうまく働かず、これまで好きだったものが美味しいと思えなくなることがあります。この味覚障害によって、食欲不振を招くケースもあります。

亜鉛不足は味覚障害のほかにも、免疫力（めんえき）の低下や爪・肌のトラブルなど、さまざまな症状の原因にもなります。だんだんと味つけが濃くなっているなと思う方は、気をつけましょう。

落ち着いた雰囲気づくり

音や光、温度などによる**環境要因**も食欲に影響します。ストレスを感じる環境で食事をすると、交感神経が刺激されます。消化吸収を促す副交感神経の働きが低下し、食欲が減退します。

適度な明るさに照明を落とす、テレビを消して落ち着ける音楽を流す、快適な室温にするなどの工夫をしてみましょう。

 ## 足三里（あしさんり）、中脘（ちゅうかん）、脾兪（ひゆ）、胃兪（いゆ）

食欲が出ないなと思ったら、足三里（p139）をはじめ、中脘（みぞおちとへそを結んだ線の中間にあるツボ）、脾兪、胃兪を押してみましょう。

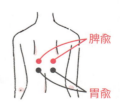

人参湯、補中益気湯

　東洋医学においては、食欲不振があるときには、胃腸の冷えと胃下垂の可能性を考えます。人参湯は胃腸を温める効果があり、胃腸の働きを活発化し、消化吸収能力を高めてくれます。

　補中益気湯は、内臓が下垂したときに引き上げる効果があり、胃腸の機能を強め、免疫力も高めてくれます。

進化が原因？

　一日三食、時間どおりにきっちり食べるという行為は、生物本来のあり方から見直してみることも大切です。朝食の重要性にしても、朝から体力を使う方とデスクワークの方では違うでしょうし、前日の夕食の内容にも影響されるでしょう。

　また、しっかりと空腹を感じないうちに時間だからといって胃に食べ物を詰め込む必要もありません。食に関しては一律に考えず、一人ひとりのライフスタイルやその日の体調に基づいて柔軟に考えていきたいものですね。

CASE 50
お腹が張って苦しい

特に食べすぎたわけでもないのに、お腹が張っている状態が続いて、苦しいときがあります。

お腹がふくらんで張った感じがする状態のことを **膨満感** と言います。食習慣を見直し、胃腸の調子を整えましょう。

早食いをやめる

　食事は、ゆっくり噛んで食べることを意識しましょう。早食いをすると、食べ物と一緒に**空気を吸い込んで**、腸にたまってしまいます。また、食事中につい会話が弾んだときも、一緒に空気を食べてしまいがちなので、注意が必要です。

ガスの出やすい食品に注意

　腸内にガスを発生しやすい食べ物には、米やパン、いも、根菜、豆などの食物繊維を多く含むもの、納豆やキムチなどの発酵食品があります。

 ## 便秘を改善する

　膨満感の原因の一つに、腸内に発生したガスが便秘によって排出されず、腸にたまってしまうことが挙げられます。便秘の改善方法については、「いつも便秘がち」（p18）を参照してください。

 ## 桂枝加芍薬湯
けいし か しゃくやくとう

　桂枝加芍薬湯(けいしかしゃくやくとう)は、便秘や下痢(げり)だけでなく、膨満感があるときにも効果があります。「気」の流れを整えることで、胃腸の動きを高めます。

ガス抜きのポーズ

　膨満感で苦しいときには、ガス抜きのポーズをしてみましょう。お腹を圧迫し、腸にたまったガスを排出することができます。

　ポイントは、腸を刺激するイメージを持つこと、足は**できるだけ遠く**に伸ばすことです。呼吸のときは、鼻から息を吸いながらお腹をふくらませ、お腹をへこませながら大きくゆっくりと吐くことを意識しましょう。

　このポーズには、身体をほぐし、**リラックスする効果**もあるので、朝起きたときや夜寝る前の習慣にするのもおすすめです。

①仰向けになり、ゆっくり呼吸しながら右膝を抱え、右太ももを引き寄せる。
②何度か大きく呼吸をしたあとで、ゆっくりと右膝を元の位置に戻す。左足も同じように行う。

章門、肝兪、足三里、中脘
しょうもん かんゆ あしさんり ちゅうかん

　膨満感の原因の一つでもある胃腸機能の低下に効くツボとしては、章門があります。章門は下から二番目にある肋骨の端にあるツボです。また肝兪や足三里(p139)、中脘（p142）といったツボも、効果があります。

体内の不調

章門

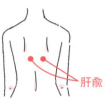
肝兪

> **こんな時は**
>
> ### 便秘もないのに膨満感を感じる
>
> 　毎日のお通じはバッチリ、ご飯もゆっくり食べている。……にも関わらず、膨満感を感じることはありませんか？　その場合、呑気症が考えられます。これは、空気を無意識のうちに飲み込んでしまう症状のこと。ストレスや口呼吸、歯を噛み締めることによっても悪化するので、呼吸に気をつけてリラックスすることが重要です。

CASE 51
胃や胸がむかむかする

たくさん食べたわけではないのに、ご飯を食べたあと、胃が重たく感じたり、むかむかしたりすることがあります。

胃がむかむかする（胃もたれ）と胸がむかむかする（胸やけ）は、原因が異なります。**それぞれに合わせた**対応をしましょう。

 ## 白湯で消化力を高める

白湯（さゆ）には、胃腸の状態を改善する、消化力を高める、**基礎代謝を上げる**効果があります。朝起きたときや食事のときにコップ1杯の白湯を飲む習慣を、毎日の生活に取り入れてみましょう（40〜50度程度が目安です）。胃もたれをはじめとする、胃腸に関連した不調が出にくい体になるはずです。

お風呂でできるマッサージ

　胃のぜん動運動を促すマッサージがおすすめです。湯舟の中で、両膝を立てて座ります。口からゆっくりと息を吐きながら、指先で肋骨の下の部分をもみ込んでみましょう。

体内の不調

 ### あんちゅうさん
安中散

　安中散は、「中（消化器官）を安心させる」という名前のとおり、胃もたれや胸やけ、胃酸過多や胃痛などに効く漢方です。

 ### ようりょうせん
陽陵泉

　胃もたれには、足の外側の膝下にある陽陵泉というツボが効きます。ゆっくり押してみましょう。

陽陵泉

CASE 52
げっぷがよく出る

炭酸飲料を飲んでいるわけでもないのに、げっぷがよく出る。恥ずかしいので、なんとかしたいです。

げっぷは、一緒に空気を吸ってしまう呑気症のほか、胃腸の不調や逆流性食道炎などによっても引き起こされます。

 ゆっくりと食事を楽しむ

早食いは、多くの空気を一緒に吸い込むことになり、げっぷが出やすくなります。**ゆっくりとよく噛んで食べる習慣をつけ**ましょう。なるべく空気が胃に入らないように、姿勢をよくして食事をすることも大切です。

また、飲み物やスープなどをすすって飲むと、胃の中に入る空気の量が多くなるため、意識しながら飲むようにしましょう。

足三里、中脘、脾兪、胃兪

　胃腸の不調によって、げっぷが出ることもあるため、胃腸の機能を改善する足三里(p139)、中脘、脾兪、胃兪(p142)といったツボを押してみましょう。

体内の不調

こんな時は

げっぷが酸っぱい

　げっぷをしたとき、空気だけでなく、酸っぱいものが上がってくる感覚があるようであれば、逆流性食道炎の可能性があります。
　逆流性食道炎とは、消化中の食べ物と胃液が食道に逆流してしまうことを言います。その結果、食道の粘膜に炎症が起きたり、潰瘍ができたりすることもあります。糖質を控えることでよくなることが多いのですが、長く続いたり悪化したりするときは、医療機関を受診しましょう。

CASE 53
おならがよく出る

気を抜くと何かの拍子におならが出てしまう……。どうしたら出なくなるのでしょうか。

げっぷもおならも、腸にたまったガスや空気が出るという意味では同じ原理です。**よく噛んで食べる**とともに、**腸の動きを整える**ことが大切です。

おならは健康の証

一日の平均的なおならの回数である**5〜20回程度**であれば、あまり気にしなくても大丈夫。腸にたまったガスを排出することは身体にとって必要なことなので、**我慢は禁物**です。ただし、かたよった食生活や消化器関連の病気によって回数が増えるので、あまりにも多い場合には、病院に行くことをおすすめします。

トンビのポーズ

　腸のぜん動運動を促進させ、上手におなら抜きができるトンビのポーズをしてみましょう。腸内環境を整えるほか、足腰の血流も改善することができます。

① 立ったままの姿勢で、骨盤の広さに足を広げ、左足を1歩後ろに下げる。
② 背筋を伸ばしたまま、右膝を少し曲げ、空を飛ぶトンビの羽のように両腕を水平になるように上げて、息を吸う。
③ 息を吐きながら体を左にねじり、呼吸5回分その姿勢をキープする。
④ 息を吐きながら体を戻す。
⑤ ①〜④の動作が終わったら、反対側の足に替えて同様に行う。

CASE 54
二日酔いがつらい

少しでも飲みすぎると、次の日はとても頭が痛い。身体もだるいし、胃のあたりも気持ち悪くて……。

二日酔いは、アルコールによって体内の水分のバランスが崩れることと、アルコールが肝臓で分解される際に発生するアセトアルデヒドが原因です。

五苓散（ごれいさん）、黄連解毒湯（おうれんげどくとう）、半夏瀉心湯（はんげしゃしんとう）

東洋医学では、二日酔いは体内にたまった余分な「水（すい）」が悪影響を及ぼしている状態だとしています。

五苓散（ごれいさん）は、二日酔いに効果があります。お酒を飲むと顔が赤くなるタイプの方には黄連解毒湯（おうれんげどくとう）が、胃のむかつきや吐き気が強い方には、半夏瀉心湯（はんげしゃしんとう）がおすすめです。

水分補給を忘れずに

アセトアルデヒドをできるだけ早く体内から排出させるために、水分をたくさん摂りましょう。その際、ビタミンやミネラルが**大量**に**消費**されます。ビタミンやミネラルが不足すると、アセトアルデヒドの排出がさらにとどこおるため、お酒を飲んだあとの水分補給には、それらが含まれているスポーツドリンクや経口補水液がおすすめです。

体内の不調

 ## 肝臓を助ける成分を摂る

オルニチンは、肝臓で**アルコールを分解**する際に重要な役割をしている成分です。オルニチンが多く含まれるしじみのみそ汁や、きのこを使った料理のほか、サプリメントで摂取するのもおすすめです。

CASE 55
動悸・息切れが気になる

激しい運動をしたわけでもないのに胸がどきどきしたり、少し階段を上がっただけで息苦しくなったりします。

動悸や息切れは、心臓や肺に関わる病気、貧血、更年期障害、バセドー病など **さまざまな原因** で起こります。気になる方は一度病院で診てもらいましょう。

コエンザイムQ10を試す

年齢とともにコエンザイムQ10が不足することで、動悸が生じることも少なくありません。心電図などの検査で特に異常はなくても、動悸が続くようであれば、還元型のコエンザイムQ10（p109）を試してみるのもいいでしょう。

心臓に負担をかけない

　身体を温めて副交感神経を優位にすることで、動悸や息切れを和らげることができます。半身浴や手浴がおすすめです。

　全身浴の場合、一気にお湯につかると心臓に負担がかかることがあるので、注意しましょう。また、冷たい身体で熱い湯船に入るなど、**急な温度変化**も心臓によくありません。

> こんな時は
>
> **タバコ＋息切れ＋咳は要注意**
>
> 　慢性閉塞性肺疾患（COPD）の主な症状の一つに、小走りする、坂をのぼるなどの軽い運動をした際の息切れがあります。タバコを吸っている方で、息切れのほかに咳やたんが気になる場合は、喫煙習慣を見直すとともに、早めに医療機関を受診しましょう。

体内の不調

CASE 56
トイレが近い

このごろ、すぐトイレに行きたくなってしまう。夜もトイレに行きたくて目が覚めることがあります。

女性は、男性に比べ**尿道が短く直線的**なので、尿に関する不調が起こりやすいです。加齢や妊娠・出産に加え、**自律神経の乱れ**なども原因の一つです。

膀胱を刺激する食品を避ける

唐辛子やグレープフルーツ、酢などの辛味や酸味の強いものは、膀胱を刺激しやすいので注意しましょう。赤ワイン、チーズ、チョコレートなどに含まれるチラミン（p32）もよくありません。

また、コーヒーやお茶、ビールなどは**利尿作用**があるので、寝る前は避けましょう。

足のむくみを和らげる

　足のむくみは、夜間の頻尿に関係していると言われます。足でとどこおっていた血液が、横になることで腎臓(じんぞう)へと流れ込みます。結果、寝ている間に腎臓で尿が多くつくられて、トイレに行きたくなるのです。

　就寝する2〜3時間前に、半身浴やふくらはぎマッサージ（p40）などで血流を促し、むくみを解消しましょう。

> **こんな時は**
>
> **過活動膀胱かも？**
>
> 　何回もトイレに行きたくなる頻尿の原因に、膀胱が過剰に動き、勝手に収縮してしまう過活動膀胱があります。「急に尿意が起こり、我慢できない」ということがあれば要注意です。
>
> 　一日に7〜8回はトイレに行く、夜は必ずトイレで目が覚めるという方は、一度医療機関を受診してみましょう。

CASE 57
尿もれが不安

くしゃみをしたり笑ったりするとき、尿もれが気になって油断ができません。

女性は妊娠・出産や加齢により、骨盤の底で臓器を支えている**骨盤底筋が弱くなる**ために、お腹に力が入るタイミングで尿もれを起こしやすくなります。

尿もれは主に2つのタイプに分けられる

くしゃみや笑った瞬間に起こるタイプの尿もれは、骨盤底筋の筋力が低下していることが原因です。急に尿意を感じて我慢できないタイプは、膀胱が過剰に動く「過活動膀胱」(p159)が原因です。

人によっては、**両方のタイプが重なっている**場合もあります。違和感や不快感がある場合は、医療機関を受診しましょう。

骨盤底筋を強めるストレッチ

　骨盤底筋を強くするには、膣と肛門に力を入れてキュッと引き締めてからゆるめる動作を繰り返す体操が効果的です。毎日**続けることで効果が高まる**ので、日常生活に取り入れてみましょう。ポイントは、お腹に力を入れるのではなく、膣や肛門を締める意識をすることです。引き締める動きとゆるめる動きにめりはりをつけることが大切です。

体内の不調

①仰向けの姿勢で両膝を軽く曲げ、足を肩幅に開く。ゆっくりと、膣と肛門をお腹のほうへ引き上げるように引き締める。
②10秒ほど（きつい場合は5秒）キープしてからゆるめて、50秒ほどリラックス。
③約1分で1回のサイクルを行い、10回ほど繰り返す。座った姿勢や、立った姿勢で行ってもOK。

CASE 58
尿のにごりが気になる

おしっこが、ときどき白っぽくにごるときがあって、心配になります。おしっこを出し切るときに痛みがあることも。

尿のにごりは、あまり問題ない場合と、**膀胱炎(ぼうこう)など病気**が原因の場合があります。自分の体調に目を向け、食事・習慣を振り返ってみましょう。

 シュウ酸の摂りすぎに注意

ほうれん草やバナナなどに含まれるシュウ酸や動物性タンパク質を多く摂りすぎると、尿がにごることがあります。

シュウ酸は、一時的に摂りすぎるぶんには問題ありませんが、摂りすぎが続くと尿路結石の原因になります。シュウ酸の吸収を抑える働きのある**カルシウム**を含む食品を一緒に摂るのがおすすめです。

痛みなどの症状に注意

　排尿時の痛みがある、すぐトイレに行きたくなるなどの症状をともなう場合は、膀胱炎の疑いがあります。悪化すると腎臓にまで炎症が広がり、高熱を引き起こす**腎盂腎炎**になる危険性もあります。症状がつらい場合はすぐに病院へ行きましょう。

 ## 細菌を出す＆入れない

　膀胱炎にならないようにするには、日頃から**水分をたくさん摂る**ことを心がけましょう。尿道に入った細菌は、尿によって体外に排出されるので、トイレに行く回数を増やすことで予防できます。
　また、細菌を膀胱に入れないためにも、陰部を清潔に保つことが肝心です。生理用ナプキンやおりものシートは、**3時間を目安**にこまめに取り替えましょう。

CASE 59
我慢できない月経痛

生理の2日目は特にお腹が痛くて、痛み止めを飲まないと身体を動かせない。腰や頭も痛くなるときがあります。

月経（生理）時に、経血を排出しようとする子宮の収縮が強すぎると、痛みの原因になります。**下半身の血行**を重点的に促して、痛みを和らげましょう。

三陰交（さんいんこう）、関元（かんげん）

三陰交（さんいんこう）は、月経痛だけでなく、更年期障害などにも効果のあるツボです。他に、関元（かんげん）や合谷（ごうこく）（p63）も月経痛を和らげる効果があります。

三陰交

関元

身体を温めて血行を促す

　血行が悪いと、月経痛の原因となる血液中の成分がお腹にとどまり、痛みが強く続きます。

　血行をよくするには、まず**お腹や腰を温めること**。服装も、丈の短いスカートは避け、身体を締めつけないものを選びましょう。また、ショウガの成分には血流をよくする効果があります。料理や飲み物に取り入れて、内側から身体を温めましょう。

 ## 桂枝茯苓丸、当帰芍薬散
けいしぶくりょうがん、とうきしゃくやくさん

　つらい月経痛には、とどこおった「血（けつ）」のめぐりをよくする桂枝茯苓丸（けいしぶくりょうがん）がおすすめ。体調を崩しやすく、貧血気味の方は、「血」を増やし、水分バランスを整える当帰芍薬散（とうきしゃくやくさん）がいいでしょう。これらの漢方は**婦人系全般の不調**に効果があります。

CASE 60
月経の周期がばらばら

前回は1ヶ月半でようやく生理が来たと思ったら、今回は2週間ちょっとで来てしまった。いつ来るかわからず心配です。

ストレスや生活習慣などで**ホルモンバランスが乱れる**と、月経が不規則になることがあります。**基礎体温**をもとに、日々の生活を見直してみましょう。

 生活習慣を見直す

正常な月経周期は25〜38日ですが、ストレスなどに影響を受けてずれることも少なくありません。生活習慣を見直し、2〜3ヶ月で正常な周期に戻るようであれば、あまり心配する必要はありません。

ただし、月経が60日以上来ないようであれば、排卵できていないことが考えられるので、婦人科を受診しましょう。

基礎体温を計る

　月経不順が気になるときは、基礎体温を計り、記録をつけて自分のホルモンの分泌状態を知ることが大切です。**ペースを自分で把握する**ことで、心身の不調にも落ち着いて対応することができるでしょう。

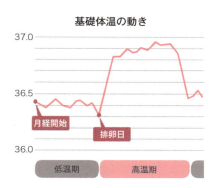

基礎体温の動き

[基礎体温の計り方]
① 体温計は、細かい温度まで計測できる婦人体温計を使用する。
② 朝目覚めたらすぐに、布団の中で体を動かさないようにして静かに計る。
③ 計るときは、舌の下、奥のつけ根のすじに当てて計る。

CASE 61
月経前がつらい

生理の前は肌あれやむくみ、頭痛など、必ず調子が悪くなる。落ち込んだりいらいらしたり、気分もすっきりしません。

月経前困難症（PMS）の可能性があります。症状は人によってさまざま。心と身体をいたわる時期だと思いましょう。

無理しない時期と割り切る

　月経前はどうしても、心身ともにバランスが崩れがちです。「今は無理をせず、自分をいたわる時期」と捉えましょう。

　また、つらい症状はいつまでも続くものではなく、月経がはじまればおさまるので、「今は落ち込みやすいのも仕方ないな」と割り切って、**できる範囲**で生活や仕事の内容を調整しましょう。

香りでリラックス

　普段より、**リラックスタイムを意識して持つ**ことも大切です。エッセンシャルオイルでは、ゼラニウムやクラリセージが婦人系の不調に効果があると言われています。半身浴の際に湯船に数滴たらすと、アロマと温めの相乗効果で、リラックスや血行促進になります。

婦人系の不調に効く漢方

　女性の不調は、東洋医学における「瘀血（血のとどこおり）」と深い関わりがあります。瘀血を改善する漢方は当帰芍薬散、桂枝茯苓丸、加味逍遙散などがありますが、自分の体質に合ったものを選ぶことが大切です。

CASE 62
更年期の困った不調

急にのぼせたり、動悸がしたり……。気持ちもなんだか落ち着かない日が多いのですが、更年期の不調でしょうか？

更年期は、身体と心のどちらにも不調が出やすい時期。症状もさまざまですが、**自律神経を整える**ことが大切です。

更年期障害とは

　更年期とは、閉経の前後約10年間のこと。女性ホルモンが急に減り、**自律神経のバランス**が崩れてしまう時期です。

　頭痛、ほてりやのぼせ、いらいら、不眠など、さまざまな不調が生じますが、そうした症状が日常生活に支障が出るほど強い場合、更年期障害とされます。

加味逍遙散

　漢方は複数の生薬を合わせてつくられており、1種類で複数の症状に対して効果があるので、更年期の不調を改善するのにとても適しています。

　肩こりや疲れ、動悸、いらいらがある方には加味逍遙散がおすすめ。桂枝茯苓丸、当帰芍薬散（p165）も効果があります。

　ただし、体質や症状によって合う漢方は人それぞれです。一度、専門医に相談するといいでしょう。

進化が原因？

　意外にも、閉経という現象は人間以外の霊長類でははっきりとは認められていません。これが、進化においてどのような理由からかは諸説ありますが、女性や子孫の生存に有利であるためだとも考えられています。つまり、更年期障害も進化が原因とされているのです。

　更年期障害は、「完治させる」より、「上手につき合う」という意識が大切です。

CASE 63
胸のしこりが気になる

ふとさわってみたら、胸にしこりがあるような感じ。他に症状はないけれど、心配です。

胸のしこりは**乳がん**の主な症状。すぐ医療機関を受診しましょう。自覚症状が少ないため、普段の**セルフチェック**が大切です。

📖 乳がんの増加

現在、日本人女性の11人に1人が、生涯のうちに乳がんになると言われています。初産が遅く、妊娠回数が減っていることが、乳がんの増加に関係があるようです。

乳がんだけでなく、がんにかかる確率が高まっているのは、**平均寿命が延びている**ためでもあります。高齢になるほど遺伝子変異が蓄積し、がんとなってしまうのです。定期的に検診を受けましょう。

乳がんをセルフチェック

乳がんは、早い段階で症状に気づくことがとても重要です。セルフチェックを定期的に行いましょう。

①鏡で見てチェック
- 乳房の形が変わっていないか、左右で大きな違いがないか
- ただれや、えくぼのようなへこみがないか

※正面・左右から乳房の様子を観察する。

②さわってチェック
- 乳房やわきの下にしこりがないか
- 出血や異常な分泌物がないか

※渦を描くように乳房を指で押して確かめる。わきの近くはがんができやすいので、丁寧にチェックする。

column
ゴースト血管を防ぐ

　血管は酸素や栄養を運ぶ重要な器官ですが、最近「ゴースト血管」という言葉が聞かれるようになりました。

　加齢や食習慣・生活習慣の乱れが原因で毛細血管に血が流れなくなり、あたかも**幽霊（ゴースト）のように見えなくなる**のです。ゴースト血管になると、その先の細胞に酸素や栄養が届かず、高血圧や認知症、骨粗鬆症(しょう)だけでなく、身体の冷えや免疫力(めんえき)の低下などの原因になると言われています。

　ゴースト血管を防ぐには、全身の血流をよくすることです。糖質・脂質を抑えた**バランスの取れた食事**で血管を丈夫にし、サラサラで流れやすい血液をつくること。また、副交感神経を優位にして、血管を広げることも大切です。つまり、広い意味での冷え対策ということになります。

第5章

おわりに

❶ 身体の冷えを防ぐ「温」

　本書で取り上げているセルフケアの目的は、身体を温める「**温**」、栄養を摂り入れる「**食**」、身体をほぐす「**動**」、心をほぐす「**想**」と、大きく４つにまとめることができます。

　「温」とは、万病のもとである**身体の冷えを防ぐこと**。体温は身体の不調と密接につながっているので、体温が低くならないように環境を調整することは、セルフケアの基本です。

　ゆっくりとした入浴や湯たんぽなどで、日頃から身体を温めましょう。ただし、温めすぎて汗をたくさんかくと身体が冷える原因となるので、適度に温めることが大切です。

❷ エネルギーを摂り入れる「食」

「食」とは、エネルギーの源となる**栄養の吸収のこと**です。主に糖質、タンパク質、脂質の3つに分けられます。

このうち、現代の私たちが摂りすぎているのは**糖質**です。太りやすくなったり、気持ちを不安定にしたりするだけでなく、糖尿病や血管にまつわる病気にも関係するので、意識して控えることが重要です。

また、ビタミンやミネラルは、身体全体を整える重要な役目を果たしています。糖質や脂質が足りていても、これらの栄養素が足りない生活が続くと、**新型栄養失調**になるかもしれません。必要に応じて、サプリメントも上手に使いましょう。

❸ 身体のこわばりを治す「動」

「動」とは運動に限らず、**身体を動かす活動のこと**です。

デスクワークの多い方は、身体を動かす機会を増やすことが大切です。特に肩こりや腰痛など、決まった動きしかしないことが原因で起こる不調に対しては、**いつもと違った動きを**取り入れることで、こわばった部分がほぐれます。

具体的には、ストレッチや、かばんの左右の持ち替えなどです。また、パターン化された身体の動きと異なる動きができる、ひもを使った「ヒモトレ」(p12)もおすすめです。姿勢や肩こりが改善される「たすきがけヒモトレ」(p97)もぜひ試してみましょう。

❹ 思考のくせを見直す「想」

「想」とは**考え方や思考のこと**です。

　私たちは、日常を何気なく過ごすうちに、少しずつ考え方がパターン化してきます。人は、悩みがあるとそれを解決しようとして深く考え込んでしまいますが、心理療法では、こうした状況はつながれたロバが逃げようと動き回り、かえってからまって動けなくなることにたとえられます。

　固まった思考から意識して抜け出すこと。考え方のくせを見直すこと。同じ考えがぐるぐるとめぐるのを断ち切って、行動に移してみることが重要なのです。

おわりに

　本書は、統合医療の考え方に基づいてつくられています。統合医療とは、薬などの対症療法を主とした現代の医療に、漢方や鍼灸といった異なる分野の医療を統合し、多様な方法から一人ひとりに合ったものを選んで治療を行う医療です。

　本書では、複数の分野に渡ったセルフケアを取り上げています。絶対に正しい方法を探すのではなく、複数の方法を選択肢に入れ、その中から自分で選んでいくことが大切です。

　気になるものは積極的に試し、効果を見ながら継続しましょう。そして、そこから得た結果を大事にすることが、不調をケアする上で大切なポイントなのです。

また、本書では、進化医学の視点を紹介しています。体毛をなくし長距離の移動が可能になったことで身体の冷えによる不調が、生活が狩猟から農耕へ変化したことで栄養のかたよりによる不調が、二足歩行になったことで足や腰の不調が、大脳の発達で思考や考え方が複雑化したことで心の不調が起こるようになったと言えるでしょう。

　進化医学は、なぜ不調や病気が私たちに生じるのかを、日常とは少し異なった視点から説いてくれます。人間のこれまでの進化や、生活環境に思いを馳せることで、新たな健康のヒントが見つかるかもしれません。

さくいん（サプリメント・栄養素など）

ABC
- DHA ……………………………………………… 54
- EPA ……………………………………………… 54

あ
- 亜鉛 …………………………… 114、128、130、141
- α-リノレン酸 ……………………………… 54、65
- アントシアニン ………………………………… 35
- イソフラボン …………………………… 84、107
- オメガ3 …………………………………… 54、65
- オメガ9 …………………………………………… 65
- オリゴ糖 ………………………………………… 19
- オルニチン ……………………………………… 155
- オレイン酸 ……………………………………… 65

か
- カフェイン ……………………………………… 80
- カリウム …………………………… 39、62、100
- カルシウム ………… 39、90、94、99、133、162
- クエン酸 ………………………………………… 58
- コエンザイムQ10 …………………… 109、156
- コレステロール …………………………… 64、75

さ
- シュウ酸 ………………………………………… 162
- 植物性乳酸菌 …………………………………… 19
- 植物性プロテイン ……………………………… 114
- 食物繊維 …………………………… 19、24、145
- 水溶性食物繊維 ………………………………… 18

た
- タンパク質 ……… 38、67、68、107、110、114、128、130
- チラミン ………………………………… 32、158
- 鉄 ………………………………………………… 114
- 動物性タンパク質 ……………………………… 162

動物性乳酸菌	19
トリプトファン	45、90

な

乳酸菌	19

は

発酵食品	67、76、145
ビタミン	29、68、77、110、128、130、155
ビタミンA	35、84、111、114、120
ビタミン B_1	39、67
ビタミン B_2	67、114、120
ビタミン B_6	86、120
ビタミンB群	39、67、68、86
ビタミンC	29、57、84、108、111、120
ビタミンD	90
ビタミンE	84、111
ビフィズス菌	19
非ヘム鉄	57
ファイトケミカル	84
不溶性食物繊維	18
プレバイオティクス	19
プロバイオティクス	19、54、67
β-カロテン	35
ヘム鉄	29、57

ま

マグネシウム	19、39、62、94、99
マルチビタミン・ミネラル	29、77
ミネラル	19、29、39、68、77、99、155

ら

リコピン	84
ルテイン	126

漢方薬

あ
安中散（あんちゅうさん）……………………………… 149
黄連解毒湯（おうれんげどくとう）…………… 25、154

か
葛根湯（かっこんとう）………………………………… 12
加味逍遙散（かみしょうようさん）……… 117、169、171
桂枝加芍薬湯（けいしかしゃくやくとう）……… 25、145
桂枝茯苓丸（けいしぶくりょうがん）………… 165、169
香蘇散（こうそさん）…………………………………… 89
杞菊地黄丸（こぎくじおうがん）……………………… 37
五苓散（ごれいさん）………………………………… 154

さ
柴陥湯（さいかんとう）………………………………… 71
柴朴湯（さいぼくとう）………………………………… 71
芍薬甘草湯（しゃくやくかんぞうとう）……………… 99
十全大補湯（じゅうぜんたいほとう）…………… 28、59
小青竜湯（しょうせいりゅうとう）…………………… 55

た
当帰四逆加呉茱萸生姜湯
（とうきしぎゃくかごしゅゆしょうきょうとう）…… 49
当帰芍薬散（とうきしゃくやくさん）………… 165、169

な〜や
人参湯（にんじんとう）……………………………… 143
麦門冬湯（ばくもんどうとう）………………………… 71
八味地黄丸（はちみじおうがん）………………… 49、119
半夏瀉心湯（はんげしゃしんとう）………………… 154
附子人参湯（ぶしにんじんとう）……………………… 25
附子理中湯（ぶしりちゅうとう）……………………… 25
補中益気湯（ほちゅうえっきとう）………………… 143
薏苡仁（よくいにん）………………………………… 104
抑肝散加陳皮半夏（よくかんさんかちんぴはんげ）……… 89

ツボ

あ
足三里（あしさんり） ……………139、142、147、151
委中（いちゅう） ………………………………… 17
胃兪（いゆ） ……………………………… 142、151
温溜（おんる） …………………………………… 24

か
関元（かんげん） ………………………………… 164
肝兪（かんゆ） …………………………………… 147
肩井（けんせい） ………………………………… 13
後渓（こうけい） ………………………………… 13
合谷（ごうこく） …………………………… 63、164

さ
三陰交（さんいんこう） ………………………… 164
攅竹（さんちく） ………………………………… 34
章門（しょうもん） ……………………………… 147
腎兪（じんゆ） …………………………………… 48
晴明（せいめい） ………………………………… 34

た
中脘（ちゅうかん） ………………… 142、147、151

な
内庭（ないてい） ………………………………… 139

は
百会（ひゃくえ） ………………………… 101、129
脾兪（ひゆ） ……………………………… 142、151
腹瀉点（ふくしゃてん） ………………………… 24

ま
命門（めいもん） ………………………………… 48

や
陽陵泉（ようりょうせん） ……………………… 149

体に関する成分・ホルモンなど

ABC
HDLコレステロール ……………………………… 64
LDLコレステロール ………………………… 64、65

あ
悪玉コレステロール…………………………… 64
アセトアルデヒド………………………… 154、155
アルブミン………………………………………… 38
インスリン……………………………………… 73、81
エストロゲン……………………………… 107、133

か
活性酸素……………………………………………… 84
ケラチン…………………………………… 114、130
交感神経………………………… 25、59、78、92、142
コラーゲン………………………………… 107、108

さ
女性ホルモン………………………… 107、133、170
自律神経 ………………………25、26、33、52、58、59、
68、69、88、89、101、116、118、134、136、138、158、170
成長ホルモン………………………………… 107
セラミド……………………………………… 112
セロトニン………………………………… 45、86、90
善玉コレステロール…………………………… 64

な
ノルアドレナリン……………………………… 86

は
ヒアルロン酸…………………………… 107、112
副交感神経…… 42、43、78、88、92、118、142、157、174
ヘモグロビン…………………………… 56、57

ま
メラトニン……………………………………… 43、45
メラニン………………………………… 108、111

ハーブ・マッサージ

ハーブ

エルダーフラワー	53
カモミール	23、33、53
クラリセージ	169
ゼラニウム	169
ナツシロギク	33
ネトル	53
パルテノライド	33
フィーバーフュー	33
ラベンダー	10

マッサージ・ストレッチ

胃のぜん動運動を促すマッサージ	149
ガス抜きのポーズ	146
腰の疲れをいやすストレッチ	16
骨盤底筋を強めるストレッチ	161
たすきがけヒモトレ	97
腸の動きを促すストレッチ	21
トンビのポーズ	153
ひもを使ったヒモトレ	12
ふくらはぎのマッサージ	40、159

[監修] **小池弘人**（こいけ ひろと）

日本統合医療センター・小池統合医療クリニック院長。1995年群馬大学医学部医学科卒業。博士（医学）。群馬大学医学部非常勤講師、日本統合医療学会指導医、日本内科学会認定医、臨床検査専門医など。2003年米国アリゾナ大学にて統合医療の実践を研鑽。2007年より小池統合医療クリニックを開設、現在は日本統合医療センターとして四ツ谷なかよし鍼灸院などと連携し、診療にあたっている。著書に『決定版！新ふくらはぎ習慣』（扶桑社）、『統合医療の考え方活かし方』（中央アート出版社）、『統合医療の哲学』（平成出版）など。

小池統合医療クリニック
http://www.koikeclinic.com
四ツ谷なかよし鍼灸院
http://yotsuya.im-nakayoshi.jp

・本書で紹介した方法の効果には、個人差があります。
・身体に異常を感じたり、合わないと感じたりするときはすぐに中断してください。
・高齢者、妊娠中の方、特定の疾患や持病のある方、現在通院中の方は、事前に医師に相談をしてください。
・漢方は、体質や症状によってさまざまな処方がありますので、専門医に相談することをおすすめします。

イラスト	佐田みそ
文	櫻井啓示
装丁デザイン	Malpu Design（宮崎萌美）
本文デザイン	渡辺靖子（リベラル社）
編集	高清水純（リベラル社）
編集人	伊藤光恵（リベラル社）
営業	津田滋春（リベラル社）

編集部　堀友香・上島俊秀・山田吉之
営業部　津村卓・廣田修・青木ちはる・榎正樹
　　　　澤順二・大野勝司

参考文献
『オトナ女子の不調をなくす カラダにいいこと大全』
（サンクチュアリ出版）
『ひもを巻くだけで体が変わる！ 痛みが消える！』
（マキノ出版）
『ヒモトレ革命』（日貿出版社）
『正しい眠り方』（WAVE出版）

＜進化医学について＞
『進化医学 人への進化が生んだ疾患』（羊土社）
『人体 600万年史 科学が明かす進化・健康・疾病』
（早川書房）
『サピエンス全史 文明の構造と人類の幸福』
（河出書房新社）
『人類の進化が病を生んだ』（河出書房新社）

名医が教える つらい時の不調ケア

2018年8月27日 初版
2021年4月26日 再版

編 集	リベラル社
発行者	隅田 直樹
発行所	株式会社 リベラル社
	〒460-0008 名古屋市中区栄 3-7-9 新鏡栄ビル8F
	TEL 052-261-9101　FAX 052-261-9134
	http://liberalsya.com
発 売	株式会社 星雲社 (共同出版社・流通責任出版社)
	〒112-0005 東京都文京区水道1-3-30
	TEL 03-3868-3275

©Liberalsya 2018 Printed in Japan
ISBN978-4-434-24970-9　C2077　10551
落丁・乱丁本は送料弊社負担にてお取り替え致します。

リベラル社の本 好評発売中

おいしく食べて体に効く！
クスリごはん (リベラル文庫)

文庫判／192ページ／定価：880円（税込）

風邪・便秘・ストレス・肌荒れなど、暮らしの中でかかりやすい体の症状に効くレシピが満載。冷蔵庫にある食材で簡単に作れます。おうちの《常備薬》として一家に一冊どうぞ。

リベラル社の本 好評発売中

片づけたら1年で
100万円貯まった！(リベラル文庫)

文庫判／176ページ／定価：935円（税込）

無駄なものを片づけるとストレスや衝動買いが減り、お金が貯まります。リビング・キッチン・クローゼットなど、お金が貯まる片づけ術を紹介。